# 김해에는 정현석 동래에는 정현덕

-흥선대원군 집권시기 낙동강 건너 두 명의 초계 정씨 사또 이야기-

# 김해에는 정현석 동래에는 정현덕

–흥선대원군 집권시기 낙동강 건너 두 명의 초계 정씨 사또 이야기–

초판 1쇄 인쇄 2023년 8월 25일
초판 1쇄 발행 2023년 8월 31일

**지은이** | 최학삼
**펴낸이** | 윤관백
**펴낸곳** | 선인

**편 집** | 장유진
**영 업** | 김현주

**등 록** | 제5-77호(1998.11.4)
**주 소** | 서울시 양천구 남부순환로 48길 1(신월동 163-1) 1층
**전 화** | 02)718-6252/6257
**팩 스** | 02)718-6253
**E-mail** | sunin72@chol.com

**정 가** 22,000원
ISBN 979-11-6068-832-0 93900

흥선대원군 집권시기 낙동강 건너
두 명의 초계 정씨 사또 이야기

# 김해에는 정현석 동래에는 정현덕

최학삼 지음

선인

# 머리말

조선시대 1870년대 전후는 흥선대원군의 1차 집권 시절이었다. 어린 아들인 고종을 왕의 자리에 앉혀 놓고 약 10년간이나 무소불위의 권력을 휘둘렀던 것이다. 그 시기 낙동강을 사이에 둔 김해와 동래에는 두 명의 초계 정씨 정현석과 정현덕이라는 인물이 각각 김해부사와 동래부사로 일하고 있었다. 본관도 초계 정씨 대제학공파(관동파)로 같고 이름도 비슷한 두 명의 인물은 각각 김해와 동래에서 민생, 국방, 학문(교육)장려 등 많은 분야에 걸쳐 업적을 남겼다. 본서에서는 이 두 명의 인물이 각각 김해와 동래에서 어떤 일을 하였고, 정치·학문·예술 등의 성향은 어떠했는지에 대하여 알아보고자 한다. 아울러 그 과정 속에서 찾을 수 있는 공통점, 차이점 등을 비교 연구해 보고자 한다. 본서의 출발점은 다음과 같다.

2022년 11월 김해 인제대학교 그랜드가야연구포럼에서 「정현석 김해부사에 관한 연구」라는 제목으로 발표를 한 경험이 있다. 필자의 발표가 끝나고 토론 시간에 어느 연구자께서 "정현석은 동래부사를 역임한 적이 없는데 정현석이 동래부사 시절 동래무예학교를 설립하고, 덕원부사 겸 원산감리 시절 우리나라 최초의 근대학교로 알려져 있는 원산학사를 설립했다는 것은 오류가 있는 내용인 것 같다."고 지적해 주셨다. 그 말을 듣고 난 후 필자가 답변하기를 "2021년에 본인이 공동저술한 『김해부사 이야기』에 그 내용이 기록되어 있는데 동래무예학교에 관한 내용은 인터넷 상의 어느 신문기사에서 인용한 것입니다. 차후에 관련 내용을 다시 한 번 확인해 보겠습니다."로 대답했다. 토론 시간이 끝나고 난 후 그 연구자가 추가적으로 언급하기를 "『동래부읍지』 등 사료를 검토해 보면 동래부사로 재임한 정현석이라는 인물은 없고 정현덕이라는 인물이 약 7년간이나 동래부사로 재임했다는 사실을 알 수 있을 것이다."로 말씀해 주셨다. 그 후에 관련 사료 등을 확인해 보니 그 연구자가 지적해 준 대로 동래부사 명단에는 정현석이 없고 정현덕이라는 인물의 이름을 선명하게 찾을 수 있었다. 『김해부사 이야기』를 저술하는 과정에서 김해부사를 역임했던 인물들에만 집중하였기 때문에 바로 옆 낙동강 건너에 정현덕 동래부사가 있었다는 사실을 생각하지 못했던 것이다. 부족한 준비로 책을 내고 발표를 했다는 것이 한없이 부끄러워지는 순간이었다. 또한, 핑계이겠지만 인터넷 등에 있는 자료를 그대로 믿거나 인용해서는 안 되고 그와 관련된 사료 등을 충분히 검토한 후 일치한다면 인용 등을 해야 되겠다는 후회도 많이 했다.

연구자의 자세에서 오류를 알아내고 그 선배 연구자에게 연락을 드려 "오류를 확인했습니다. 제가 인용한 신문기사가 정현석이 아니라 정현덕에 대한 내용을 잘못 언급하고 있었습니다."라고 말씀드렸다. 그 후에도 그 선배 연구자와는 그랜드가야연구포럼에서 만나면 반갑게 인사드리고 다른 주제에 대해 발표도 하고 토론도 하는 상황이다. 그 연구자는 향토사학자로서 많은 지식을 갖고 있어 감탄할 때가 많다.

하지만 뭔가 아쉬움이 남았다. 나름 정현석 김해부사에 대하여 연구하는 연구자라고 생각해 왔는데 오류만 확인하는 것으로 끝낼 수 없을 것 같았다. 그렇다면 다음 과정은 정현덕이라는 동래부사에 대하여 자세히 알아보는 게 연구자의 자세가 아닐까 라는 생각을 하게 되었고, 그 결과물로 본서가 완성되기까지 하였다.

본서에서는 앞에서도 언급한 바와 같이 정현석과 정현덕 두 인물이 김해부사와 동래부사를 역임한 시기에 어떤 일을 하였는가에 대해 중점적으로 검토해 보고자 한다. 아울러 『김해부사 이야기』에서 정현석 김해부사에 대한 미검토 내용을 추가하고자 한다. 필자의 기준에서 재밌게 표현해 보자면 우물 안 개구리 김해에서만 맴돌지 말고 개구리처럼 폴짝 뛰어올라 낙동강을 건너 부산 동래를 오가면서 정현석과 정현덕에 대하여 비교 연구해 보자는 것이다. 그래서 본서의 제목도 『김해에는 정현석 동래에는 정현덕 –흥선대원군 집권시기 낙동강 건너 두 명의 초계 정씨 사또 이야기–』로 정했다.

본서가 완성되기까지 『김해부사 이야기』의 공동저자였던 김우락 김해문화원장님, 그랜드가야연구포럼에서 날카로운 지적해 주신 김해 향토사학자 정영도 선생님, 부산강서문화원 전재문 원장님·배종진 향토사연구소장님, 이순신을 배우는 사람들(다음카페) 제장명 교수님·김영기 회장님·조봉익 부산지회장님, 김해향교 송우진 전교님·송춘복 선생님·김경규 선생님·류성진 선생님·허모영선생님, 김해대학교 편금식 총장님·고경희 부총장님·그 외 모든 김해대학교 교직원분들, 김종간 전 김해시장님, 인제대학교 조형호 대외부총장님, 인제대학교 박재섭 명예교수님, 인제대학교 도서관 곽창호 차장님·송진욱 계장님, 초계 정씨 대제학공파(관동파) 정기환·정병현 선생님, 울산 향토사학자 변상복 선생님, 경상국립대학교 김덕환 교수님, 도서출판 선인, 수현, 남경, 예민, 도규, 수향, 지우, 민주, 동희, 요섭, 소연, 효범, 유진, 은소, 채원, 민석, 욱권, 대현, 지연, 현서, 은숙 등 많은 분들이 도움을 주셨다. 그 분들의 지적과 도움이 없었다면 본서는 나오지 못했을 것이다.

평생을 자식 걱정만으로 살아오신 어머님, 하늘에 계신 아버님, 장인어른, 장모님, 언제나 동생을 응원해 주시는 형님, 형수님, 누나(자형)들, (처)형님을 비롯한 처가 가족들에게도 이 지면을 통해 진심어린 감사를 드린다.

주말부부라는 핑계로 집안일을 등한시하며 살았던 필자였기에 혼자서 직장생활, 육아 및 교육에 매달리며 힘들게 살고 있는 한없이 고맙고 미안한 부인 박근미에게 사과와 감사의 말씀을 진심으로 드린다. 마지막으로 필자의 아들 연우, 딸 서희, 새롭게 가족이 된 봄(반려묘)에게도 미안함과 사랑을 전한다.

신어산 기슭에서 분산성을 바라보며 저자 최학삼

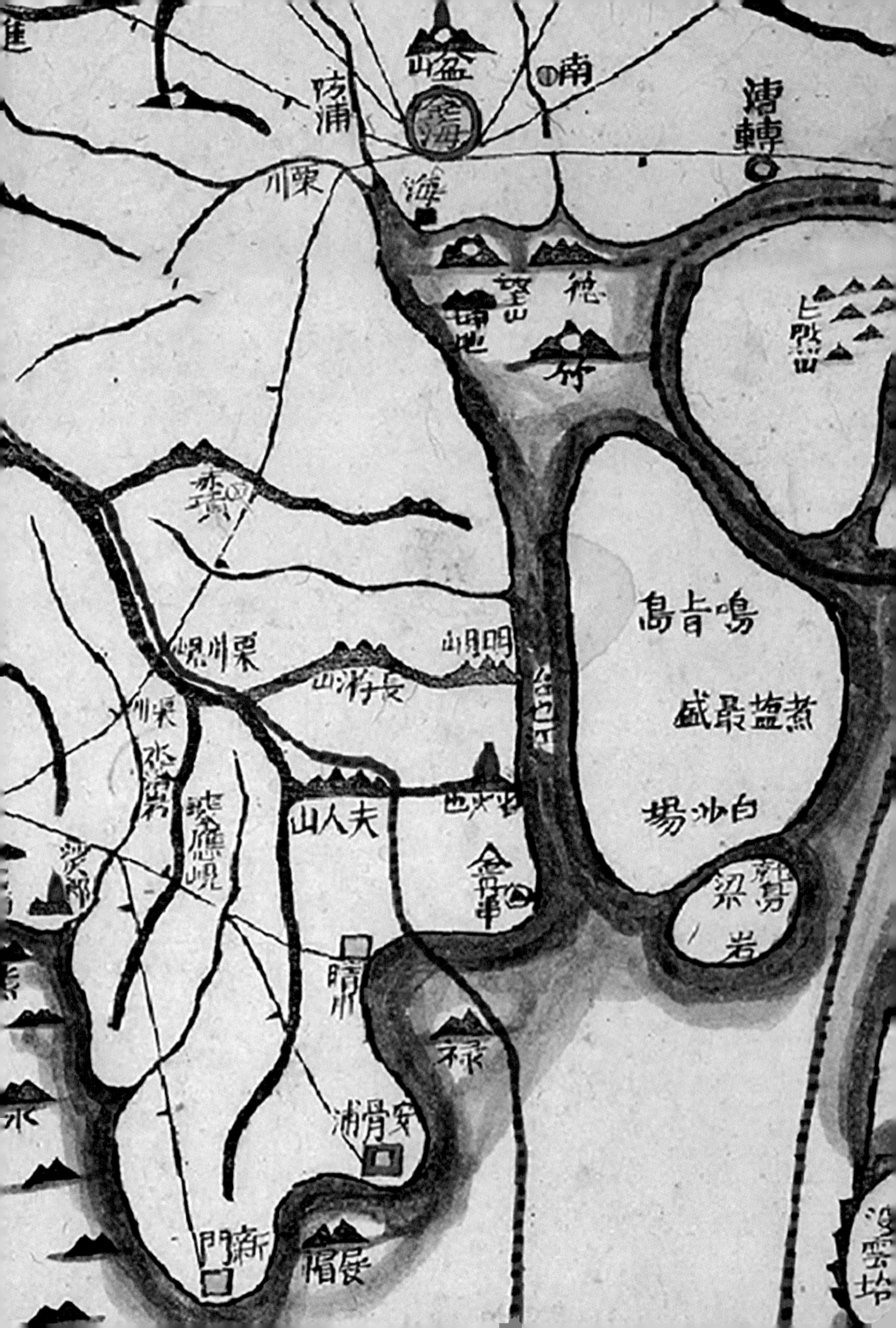

金海
南
防浦
栗川
鳴旨島
煮鹽最盛
白沙場
明旨山
栗川峴
夫人山
晴川
安骨浦
新門

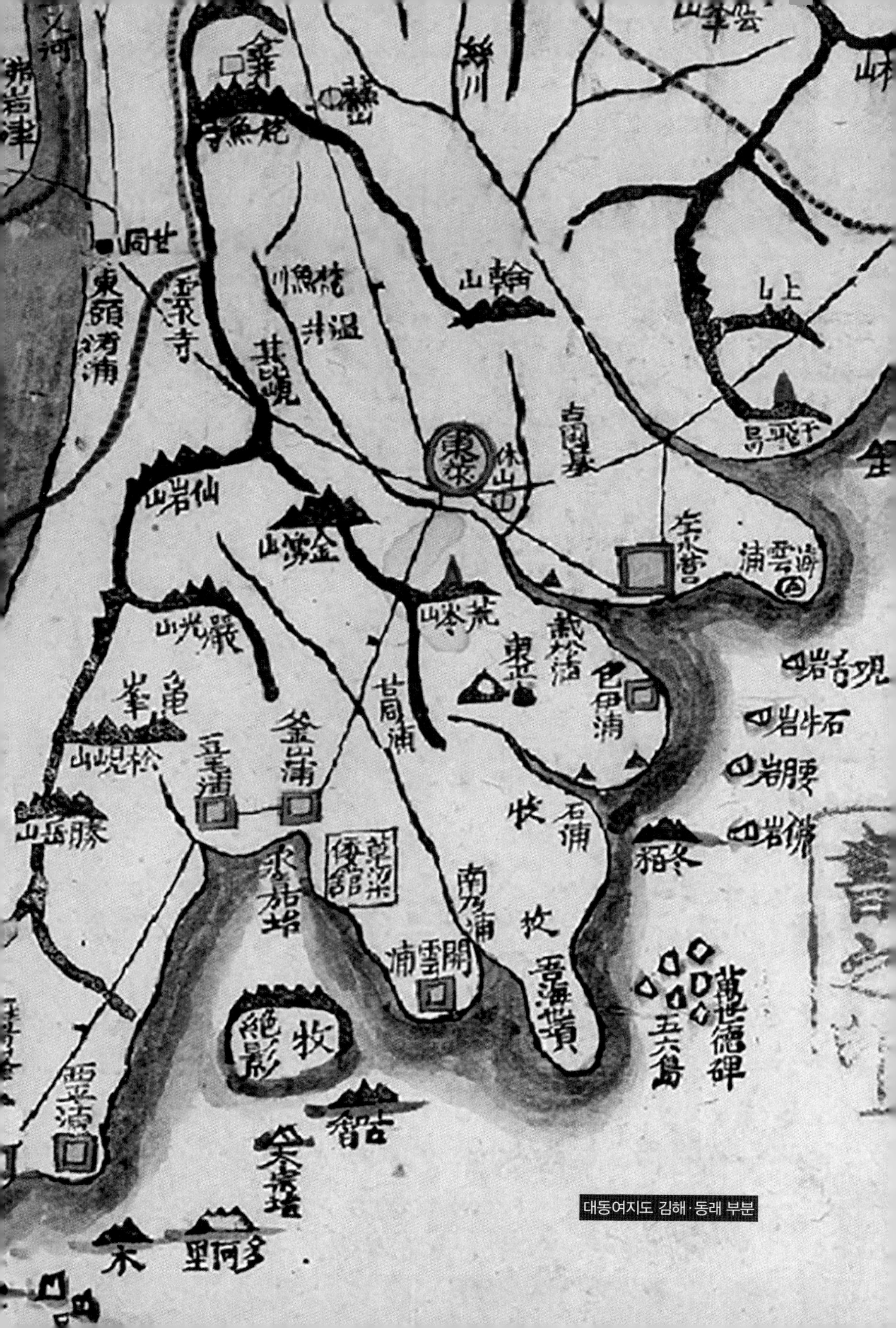


대동여지도 김해·동래 부분

# 목차

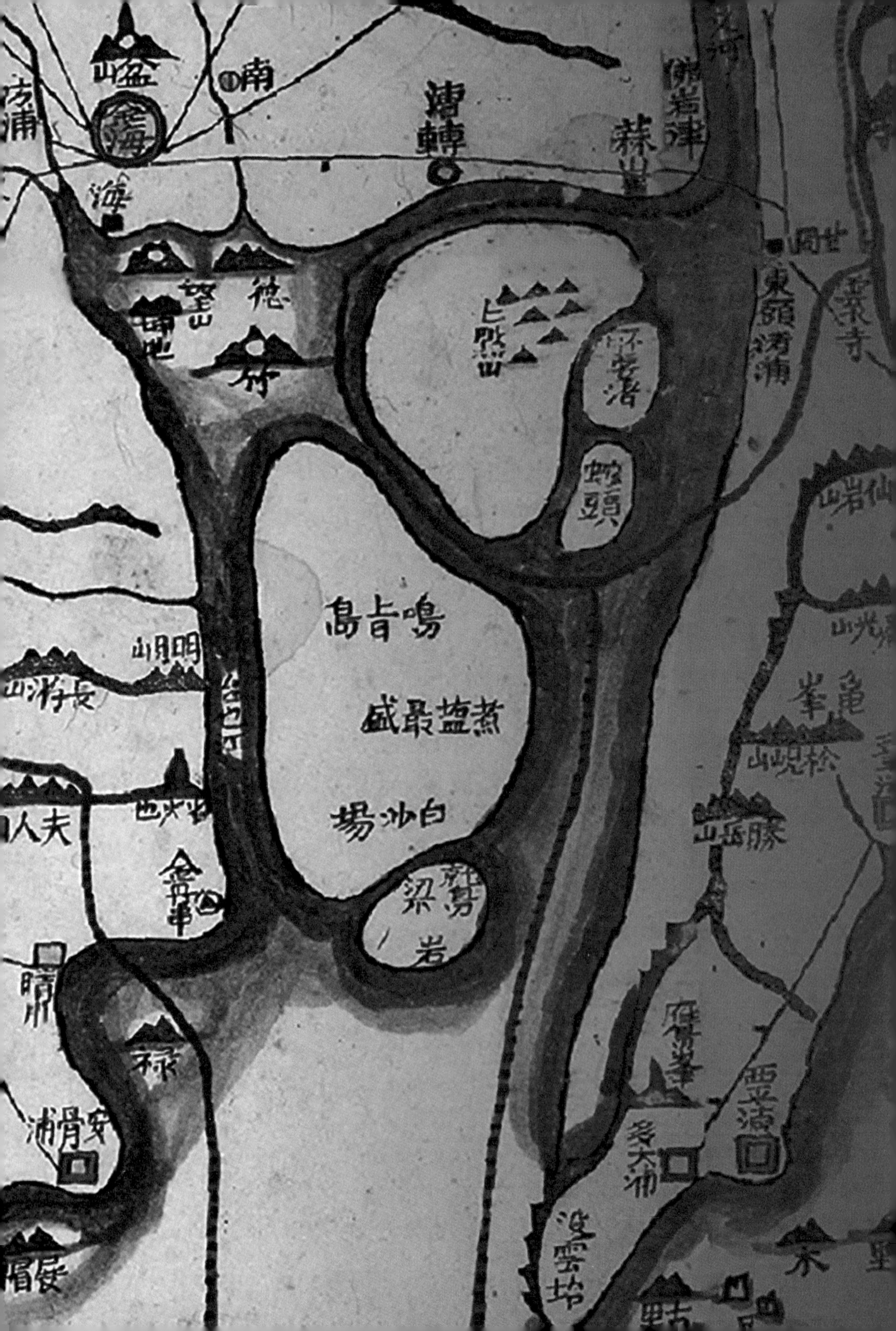

南
漕轉
鳴旨島
煮塩最盛
白沙場

# 제1장

# 정현석 김해부사

# 1 정현석 소개

김수로왕이 건국한 이후 찬란한 문화를 꽃피웠던 가락국(가락가야)은 10대 구형왕(또는 김구해왕) 12년(서기 532년, 법흥왕 19년)에 신라에 병합되었다. 신라가 왕을 예대(禮待)하고 본국으로써 식읍을 삼게 했으며, 가락국의 이름은 금관군으로 고쳐 태수(太守)가 다스리게 하였다.

김해문화원 비림의 정현석 김해부사 영세불망비

그 이후 통일신라시대, 고려시대, 조선시대를 거치면서 가락국은 신라에 병합된 역사 속의 나라였다. 그러나 조선 말 김해부사로 재임한 정현석이라는 인물이 있었다. 그는 김해읍지를 유심히 살펴본 후 임진왜란 때 최초의 의병장이었던 김해의 사충신(송빈, 이대형, 김득기, 류식)을 기리기 위한 사충단을 건립하게 된다. 위대한 충절의 고장 김해를 알아본 것이다. 그가 사충단을 건립하기 전까지 김해의 사충신 중 한 사람이었던 류식이라는 인물은 배향되지도 못하였는데 사충단을 건립하면서 비로소 삼충신과 함께 배향되었던 것이다. 사충단을 건립하여 충절의 고장 김해를 다시 부각시킨 정현석 김해부사는 그 외에도 김해의 김수로왕릉과 허왕후릉을 비롯한 많은 문화재를 중수 및 관리하여 찬란하게 꽃피웠던 가락국의 영광을 재현하고자 하였으며, 학문 및 산업장려, 국방강화 등 수많은 업적을 남겨 역대 김해부사 중에서 가장 역사적 업적이 많은 부사라고 할 수 있다.

정현석의 본관은 초계(草溪), 자는 보여(保汝), 호는 박원(璞園)으로 고종 때 후릉참봉을 시작으로 조정 내에서도 많은 부서에서 일했고, 지방 10개 고을의 수령을 역임하는 동안 업적이 무수히 많아 그가 일했던 거의 모든 고을에 선정비가 세워졌다.

경남 합천군 삼가면 기양루 인근에 소재하는 현감정후현석거사불망비 ©정봉영

경남 의령군 대의면 도로변 언덕에 있는 행현감정후현석선정불망비 ©정봉영

음성현감(1858년 12월~1860년), 함경도 고원군수(1862년 10월~1864년 8월), 울산부사(1864년 8월~1865년 6월), 경기도 광주판관(1865년 6월~1865년 9월), 안성군

수(1865년 9월~1866년 1월), 삼가현감(1866년 1월~1867년 2월) 등을 지냈고, 진주목사 재임(1867년 2월~1870년 6월)시에는 의기사(義妓祠)를 중건하였으며, 『교방가요』를 저술하기도 하였다. 특히 김해부사 재임(1870년 6월 8일~1873년 12월 27일)시에 가장 많은 업적을 남겼고, 경주부윤(1882년 6월~1882년 11월), 덕원부사 겸 원산감리(1882년 11월~1886년 2월)도 지냈다.

정현석은 중앙 조정에서 동지돈녕부사, 첨지중추부사, 공조참판, 한성부좌윤, 형조참판, 호조참판 등과 황해도관찰사, 황해도병마수군절도사 등의 지방 관직도 역임했다.

김해부사 재임시절에 봉황대 구축과 명명(命名), 양사재 중건, 분산성 개축, 흥부암 중창, 현충사 재건, 가락루 중수, 연자루 중수, 사충단 건립, 「사충단비각기」 기록, 「금관충렬단절목」 제정, 「송공순절암기」(宋公殉節巖記) 기록, 진주목사 시절에 『교방가요』 저술, 함경도 덕원부사 겸 원산감리 재임 시(1883년) 우리나라 최초의 근대식 학교인 원산학사 설립 등이 대표적인 업적이다.

부사정공휘현석불망비 – 울산광역시 북구 대안동 신흥사 입구 ⓒ한국향토문화전자대전, 한국학중앙연구원

정현석은 고종 1년(1864년) 8월부터 고종 2년(1865년) 6월까지 울산도호부사(蔚山都護府使)로 재임했다. 울산광역시 북구 대안동 신흥사 입구에 있는 아래의 비석에는 부사정공휘현석불망비(府使鄭公諱顯奭不忘碑)라는 글자가 새겨져 있다.

충북 음성군 음성읍에도 정현석이 음성현감으로 재직 시 세워진 선정비가 현존한다. 비석 앞면에는 현감정후현석애민흥학영세불망비(縣監鄭侯顯奭愛

民興學永世不忘碑)가 새겨져 있다.

현감정후현석애민흥학영세불망비
– 충북 음성군 음성읍 읍내리
©한국향토문화전자대전, 한국학중앙연구원

다음의 사진은 정현석이 통도사의 인근 지역인 김해부사, 울산부사, 경주부윤에 재임했을 때 바위에 새겨진 이름으로 추정된다.

양산 통도사 이름바위에 새겨져 있는 정현석의 이름 ©이무의

# 2 관청건물 중수 및 문화재 보호

정현석 부사의 수많은 업적 중에 봉황대 구축과 명명(命名)이 있다. 정현석 김해부사가 봉황대라는 이름을 붙이기 전에 이곳에 올라보니 구릉의 생김새가 봉황이 날개를 편 모양과 같다고 하여 봉황대라는 이름을 붙였다고 한다. 이곳 봉황대는 회현리 패총과 통합되어 김해 봉황동 유적으로 관리되고 있다. 작은 구릉이기는 하지만 곳곳에 가락국의 전설이 녹아 있고 복원된 시설들이 즐비하다.

봉황대 정상 정현석 부사의 호(號)인 '박원'과 '봉황대'가 새겨진 바위

김해 봉황대 ©국립중앙박물관

현재 이곳 봉황대는 회현리 패총과 함께 김해 봉황동 유적이라는 명칭으로 안내되고 있다. 김해 봉황동 유적의 주요 유적은 다음과 같다.

회현리 패총 – 실물 단면을 노출식으로 전시하고 있다

패총은 조개껍질과 생활 쓰레기 등을 구덩이를 파서 묻거나 쌓아 놓은 곳으로, 조개더미, 조개무덤, 조개무지라고도 하며 당시 생활모습을 알 수 있는 장소이다.

회현리 패총에서 출토된 유물로는 토기, 뼈·뿔도구, 석기, 가락바퀴(방추차), 불탄쌀(탄화미), 중국 화폐인 화천(왕망의 신나라 때 화폐, 왕망전),[1] 동물뼈 등이 나왔다. 토기(취사용의 김해식 토기)는 적갈색이나 회청색을 띠며, 사슴뿔이나 뼈를 가공해 만든 칼자루가 많다. 최초로 발견된 탄화미는 고대의 쌀과 농경 연구(벼농사 흔적)에 큰 도움을 주는 중요한 자료이다.

회현리 패총은 대한민국 사적 제2호로 지정되었다가 가락국의 집단 취락지인 봉황대를 합쳐 2001년에 김해 봉황동 유적으로 확대 지정되었다.

일제강점기 때의 회현리 패총 ©국립중앙박물관

1 왕망은 전한을 멸망시키고 신나라를 건국하였으며 신나라 멸망 후 후한시대가 시작된다. 회현리 패총에서 화천(왕망전)이 발견되었다는 것은 그 당시 중국과의 무역 등 교류를 예상할 수 있는 것이다.

고상가옥

고상가옥은 곡식 저장창고이다. 습기, 짐승, 침수에 대비하여 건물 바닥면을 지면보다 높게 건축했다. 해반천변에 입지한 조건이나 구조 및 열을 지어 분포하고 있는 것으로 보아 대외교역을 위한 창고시설로 추정된다. 해반천이 과거 바다(김해만)와 연결되어 있었다면 김해 봉황동 유적은 무역 항구도시였을 것이다.

천제단(가락국천제단) – 하늘에 제사를 지내기 위한 제단

## 여의각과 황세바위

김해 봉황동 유적에는 여의각과 황세바위도 위치하고 있다. 근처 임호산의 흥부암과 관련하여 가락국 말 슬픈 사랑의 전설이 있는데 그 내용은 다음과 같다.

**황세장군과 여의낭자의 슬픈 사랑이야기**

여의각은 출여의라는 여인의 정절과 순수한 마음을 기리기 위한 사당이다. 황세바위는 황세와 여의가 오줌멀리누기 시합을 했던 곳이다.

황세는 가락국의 9대 임금 겸지왕(숙왕) 때의 인물로 황정승의 아들이다. 황정승과 친구 사이인 출정승은 각기 아들을 낳으면 의형제를 맺고, 아들과 딸을 낳으면 결혼시키기로 약속했으나 황정승의 집안이 몰락하자 출정승은 딸을 낳자 여의를 아들이라고 거짓말을 하였다. 그리하여 황세와 여의는 의형제를 맺고 어릴 때부터 같이 놀며 자랐다.

어느 날 황세가 여의에게 오줌멀리누기 시합을 제의하자 여자인 여의는 삼대 줄기를 사용하여 위기를 넘겼다. 이 오줌멀리누기 시합을 한 곳이 황세바위이다.

여의가 자라면서 점점 여자의 모습을 보이자 황세가 거북내[구천(龜川): 해반천]에서 멱을 감자고 제안하였다. 여의는 할 수 없이 자기가 여자임을 밝히고 둘은 결혼을 약속하였다.

이후에 신라와의 전쟁에서 황세가 공을 세우고 왕의 명을 받아 유민공주와 결혼하였다. 황세가 유민공주와 결혼해 버리자 여의낭자는 황세를 그리워하다가 죽었다. 황세 또한 여의를 그리워하다 병으로 죽었다. 홀로 남겨진 유민공주는 유민산(임호산)으로 출가하여 여승이 되었다. 유민공주가 출가한 곳이 지금의 김해시 임호산 흥부암이라는 말도 전해지고 있다.

임호산의 흥부암은 류상필 김해부사(재임기간: 1820년 전후)에 이어 정현석 김해부사가 다시 중창한 것이다.

황세바위 – 황세와 여의가 오줌멀리누기 시합을 했던 곳

여의각 – 출여의라는 여인의 정절과 순수한 마음을 기리기 위한 사당

임호산 흥부암 원경

흥부암 대웅전

흥부암 입구 정현석 김해부사의 비

정현석 김해부사는 봉황대 구축 및 명명(命名), 흥부암 중창 외에도 연자루 및 함허정을 중수하였고, 임진왜란 때 김해성에서 활약한 권탁을 향사하는 김해 현충사를 재건하였으며, 김수로왕릉의 가락루(駕洛樓) 중수, 정자각, 안향각 등을 보수하고 제기와 제복들도 개량했다. 또한, 허왕후가 인도 아유타국에서 가락국으로 올 때 배에 싣고 온 파사석탑(婆娑石塔)이 폐사된 호계사(虎溪寺) 터에

일제강점기 때(1932년) 철거되기 전의 연자루 ©국립김해박물관

있었는데 현재의 허왕후릉으로 이전하였으며, 허왕후릉도 대대적으로 수리 및 정비를 하였다. 또한 정현석 김해부사는 부청(府廳), 즉 아사(동헌) 및 객사도 중수하였다.

연화사 경내에 있는 연자루 석주(주춧돌)

연자루 석주 안내문

함허정이 있던 현재의 연화사 대웅전

연화사 대웅전 앞의 함허교 교명주

연화사 대웅전으로 들어가려면 돌다리를 건너야 한다. 돌다리 앞에는 아직도 교명주(橋名柱)에 함허교(涵虛橋)라고 적혀 있는 글씨가 뚜렷하게 보여 여기에 함허정이 있었다고 분명히 말해 준다.

다음의 김해부내지도에는 김해성 내 동헌, 서상동지석묘(송공순절암), 함허정, 연자루, 김해객사(분성관) 등이 상세히 그려져 있다.

김수로왕릉 홍살문 및 가락루

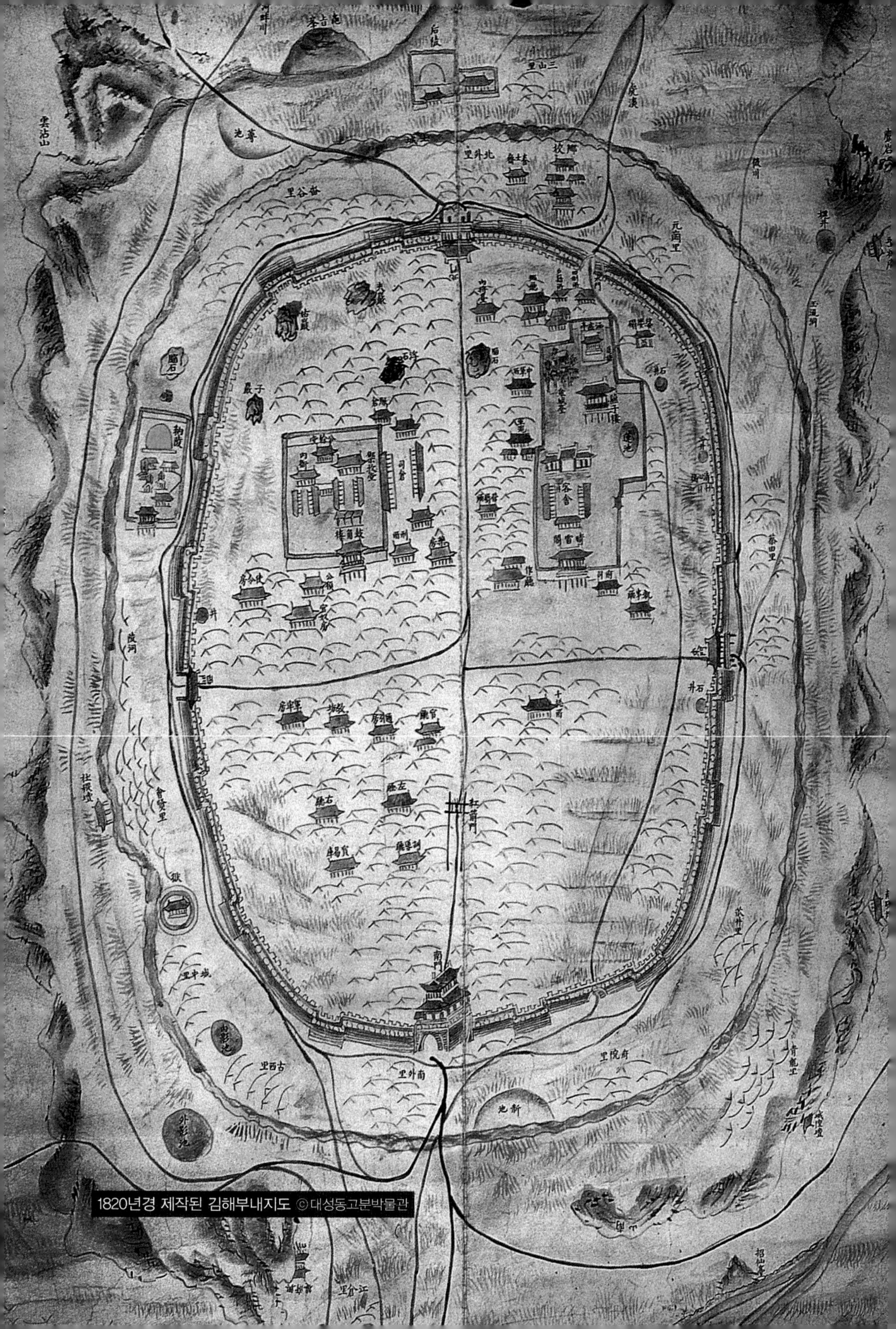


1820년경 제작된 김해부내지도 ⓒ대성동고분박물관

김수로왕릉

일제강점기 때의 허왕후릉과 파사석탑 ©국립중앙박물관

위의 사진과 관련하여 정현석 김해부사가 폐사된 호계사 터에 있던 파사석탑을 허왕후릉으로 이전하였다는 것은 앞서도 언급된 바 있다. 현재는 허왕후릉 앞에 각(파사각)을 세워 파사석탑을 안전하게 관리하고 있다.

현재의 허왕후릉

다음은 정현석 김해부사가 가락루를 중수한 후에 지은 「가락루중수기」의 내용이다. 「가락루중수기」에는 가락루중수 외에도 정현석 김해부사의 많은 업적들이 기록되어 있다.

### 가락루중수기

현석이 금관에 도임하여, 삼가 납릉을 배알하고 가락루에 올라 금합고사(金盒故事)를 추억하고 배회 주저하다가, 그 기둥과 헌함은 부패해서 흔들리고, 단청과 백토는 산만해서 분별할 수 없으며, 공해(公廨) 건물들의 기와와 벽돌도 퇴락했는데, 좀벌레의 먹은 바와, 비바람에 파괴된 바로써, 조석 사이에 생길 염려가 있었다. 즉시 그 후손들과 의논하여 옛 도안을 살피고 새로이 보수하기로 하였다. 정자각, 안향각 및 신문(神門)·연신루[2]를 함께 고치고, 모든 제기와 제복과

2 가락루의 창건시 이름이다. 이후에 봉타루였다가 가락루가 되었다.

긴 사다리도 개량 비치하였다. 옛날에 있었던 파사탑은 대략 뱃사람이 몰래 떼어감으로 해서, 다만 일(一)층이 남은 것을, 마침내 후릉(后陵)으로 옮겨서, 조개껍질의 횟가루로 보완했으며, 또 감여가(堪輿家)의 학설에 따라서, 형옥(刑獄)을 옮기고 서천(西川)을 파기도 하였다. 아! 신령함을 높이고 덕업을 숭상함은 선왕(先王)의 성대한 법전이었다. 삼가 생각건대 우리 영조대왕은 제전(祭田)을 하사하고 양정군(良丁軍)을 설치하고 표석을 건립하여 봉식(封植)했으며, 또 과거 우리 정조대왕은 친히 축문을 짓고 예관(禮官)을 파견하여 치제하였다. 이로부터 향축(香祝)을 보내어, 춘추향사를 받들었고, 능감을 설치하여 수호하게 했으니, 거룩하고 장하시도다. 그런즉 흥하고 쇠하고 중수하고 퇴폐함은 역시 지방관들의 책임인 것이다. 어찌 노력하지 않으랴? 노래 지어 말한다. 구지봉은 울창하고, 낙동강은 앙분하도다. 엄엄하신 임금님을 아! 잊지 못하리라.

숭정기원후 사(四)계유(癸酉) 사(四)월 상순 부사 정현석 근지[3]

현재의 파사석탑

3 『崇善殿史』, 숭선전사편수위원회, 539-541쪽.

일제강점기 때의 김해객사(분성관) ⓒ국립중앙박물관

분성관 처마 ⓒ국립중앙박물관

김해 현충사 전경

김해 현충사에서 배향하는 주인공은 권탁이라는 인물이다. 다음은 선조어서각과 선조국문유서(교서) 사진 및 관련 내용이다.

현충사 내의 선조어서각

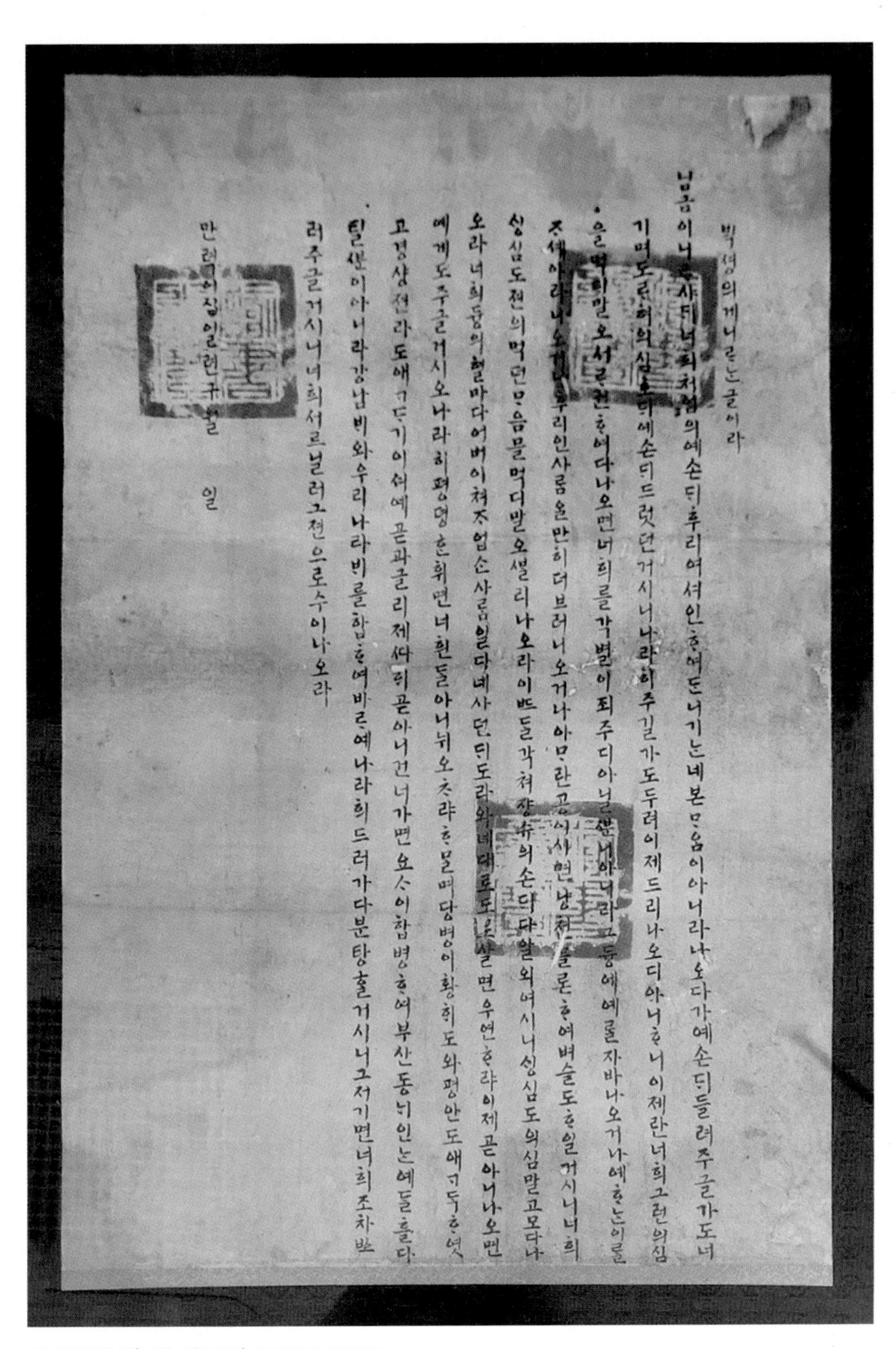

ᄇᆡᆨ셩의게니ᄅᆞᄂᆞᆫ글이라
님금이니ᄅᆞ샤ᄃᆡ너희처엄의예손ᄃᆡ후리여셔인ᄒᆞ여ᄃᆞᆫ니기ᄂᆞᆫ네본ᄆᆞᄋᆞᆷ이아니라나오다가예손ᄃᆡ들려주글가도너
기며도로혀의심ᄒᆞᄃᆡ예손ᄃᆡ드럿던거시니나라히주길가도두려이제드리나오디아니ᄒᆞ니이제란너희그런의심
을먹디말오서로권ᄒᆞ여다나오면너희를각별이죄주디아닐ᄲᅮᆫ아니라그듕에예를자바나오거나예ᄒᆞᄂᆞᆫ이를
ᄌᆞ셰아라나오거나후리인사ᄅᆞᆷ을만히더브러나오거나아므란공이시면냥쳔믈론ᄒᆞ여벼슬도ᄒᆞ일거시니너희
ᄉᆡᆼ심도젼의먹던ᄆᆞᄋᆞᆷ믈먹디말오ᄲᆞᆯ리나오라이ᄠᅳ들각쳐쟝슈의손ᄃᆡ다알외여시니ᄉᆡᆼ심도의심말고모다나
오라너희등의ᄒᆞᆯ마다어버이쳐ᄌᆞ업ᄉᆞᆫ사ᄅᆞᆷ잇ᄂᆞ녜사던ᄃᆡ도라와녜대로도로살면우연ᄒᆞ랴이제곧아니나오면
예게도주글거시오나라히평뎡ᄒᆞᆫ휘면너흰ᄃᆞᆯ아니뉘읏ᄎᆞ랴ᄒᆞ물며당병이황ᄒᆡ도와평안도애ᄀᆞ득ᄒᆞ엿
고경샹젼라도애ᄀᆞᄃᆞ기이셔예곧과글리제ᄯᅡ히곧아니건너가면요ᄉᆞ이합병ᄒᆞ여부산동ᄂᆡ인ᄂᆞᆫ예들ᄒᆞᆯ다
틸ᄲᅮᆫ이아니라강남ᄇᆡ와우리나라ᄇᆡ를합ᄒᆞ여바ᄅᆞ예나라희드러가다분탕ᄒᆞᆯ거시니그저기면너희조차ᄲᅡ
려주글거시니너희서ᄅᆞ닐러그젼으로수이나오라
만력이십일년구월 일

선조국문유서(보물 제951호) ⓒ김해한글박물관

선조국문유서는 임진왜란 당시 김해성이 왜군에게 함락된 이후 권탁이라는 사람이 김해성의 수성장이 된 이후 적진에서 포로가 되어 있던 김해 백성들에게 위험을 무릅쓰고 전달한 선조 임금이 내린 교서이다. 이 교서는 모든 백성들이 읽을 수 있도록 한글로 된 것이었다. 그 주요내용은 부득이 왜인에게 잡혀간 백성들의 죄는 묻지 않음은 물론, 왜군을 잡아오는 자, 왜군의 동태를 자세히 파악해오는 자, 포로된 조선 백성들을 많이 데리고 나온 자는 양천(良賤)을 구별하지 않고 벼슬을 내려주겠다는 내용이다. 또한 아군과 명군이 합세하여 부산과 동래 등지의 왜군을 소탕하고 그 여세를 몰아 왜국에 들어가 분탕하려는 계획도 알려주면서 그 전에 서로 알려 빨리 적진에서 나오라고 당부하는 것이다. 권탁은 누구도 감히 할 수 없던 일을 본인이 수행하여 김해 백성 100여 명을 구출하기도 했으나 본인은 부상의 후유증으로 사망하게 된다.

이러한 선조국문유서는 순 한글로 작성된 우리나라 최초의 공문서라고 할 수 있다. 어서각에 보관되어 오다가 1975년 7월 도난당하기도 했다. 다행히 다시 찾아 복사본을 어서각에 보관하고 원본은 부산박물관에 보관 중이었다. 순 한글로 작성된 선조국문유서의 원본은 2021년 7월에 김해한글박물관이 개관되면서 김해로 되돌아 왔다. 김해시가 권탁 가문의 안동 권씨 판결사공파 종친회와 협의하여 2021년 6월에 기탁을 받아 김해한글박물관에서 보관하게 된 것이다. 우리나라 최초의 순 한글로 작성된 공문서, 즉 어서가 김해한글박물관에 있다는 것은 그 의미가 크다고 할 수 있다.

## 3 학문적 능력

『교방가요』 표지 ⓒ국립중앙도서관

정현석은 학문적 능력이 뛰어난 문무를 겸비한 인물이었다. 그는 저서도 많았는데, 특히 진주 교방의 노래와 춤에 관한 책인 『교방가요』를 진주목사 시절부터 쓰기 시작하여 김해부사 재임 중에 완성하였다. 그 외에도 『융비주사고』, 『융비고』, 『유원고』, 『경개록』, 『여지고』, 『기기도설』, 『백행록』, 『오총도관견록』, 『시종록』 등의 책을 저술하였다.

『교방가요』는 조선시대 관기 문화를 알 수 있는 교방문화의 보고서라고 할 수 있으며, 가곡연행의 실제(편가)와 가사(가창가사), 각종 무곡, 음악적 설명, 판소리, 잡요, 단가 등을 수록하고 있다.

『교방가요』의 내용 중에는 정현석이 진주목사 재임시절 진주성에 논개의 의기사(義妓祠)를 중건한 후에 의암별제를 시행했다는 기록도 있다. 또한, 의암별제의 첫 시행에 필요한 "의암별제가무"편이 수록되어 있는데 성무경(2002)이 번역한 『교방가요』 "의암별제가무"의 내용은 다음과 같다.

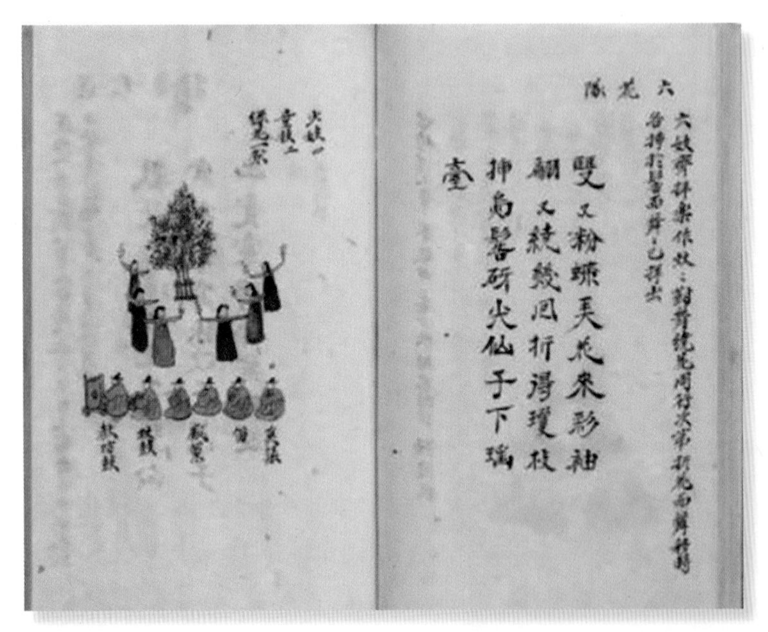
六花隊

『교방가요』 육화대 ⓒ한국민속대백과사전, 국립민속박물관

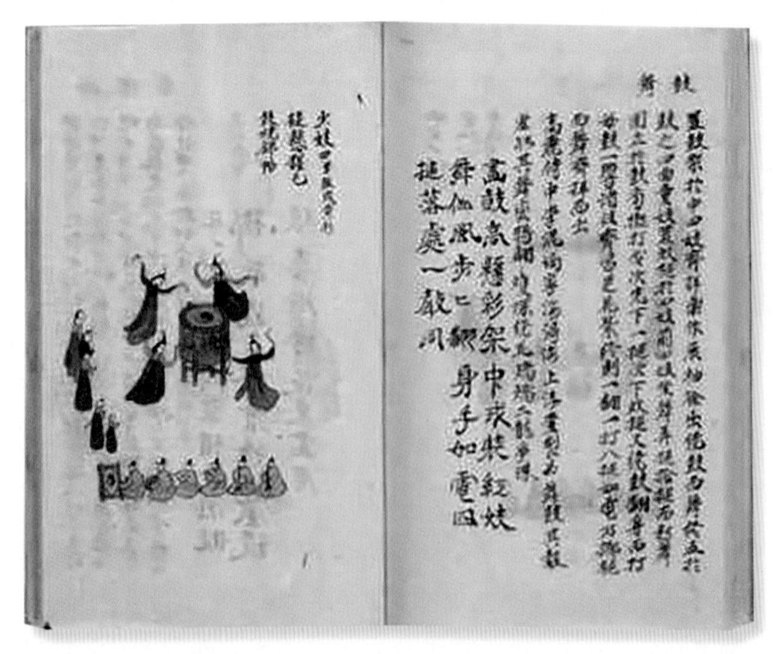
鼓舞

『교방가요』 고무(鼓舞) ⓒ한국민속대백과사전, 국립민속박물관

장수의 기녀 노은개(魯隱介)가 절도사[4]의 소실이었다. 진주 병영에 있을 때, 임진년의 병화를 당하여 성이 함락되니 6만여 명이 함께 구덩이에 묻혀 있었다. 논개가 매우 아름답게 단장하고 촉석루 아래 강가에 잇는 바위 위에 홀로 앉아 있으니 왜장 가운데 가장 사나운 괴수 하나가 바위 위에 뛰어 올라왔다. 기녀는 웃으며 맞이하여 희롱하다가 왜장의 허리를 끌어안고 강물로 떨어졌다. 이로부터 왜군들은 병졸을 수습하여 달아났다. 뒤에 조정의 영(令)으로 인하여 의기사를 세우고 봄가을로 제사를 지냈다. 내가 진주에 부임한 다음 해, 병사(兵使)와 더불어 의논하여 그 사당을 중건하고 의암별제(義庵別祭)를 베풀었다. 6월 중에 택일하여 일을 치렀는데 제관과 선발된 기녀를 차출하여 절차를 익히도록 하고, 감히 의식(儀式)에 실수가 없게 하여 해마다 제(祭)를 지낸 다음 날 밤 꿈에 두 여자가 한 부인을 부축하고 들어와 앞에 서거늘, "누구냐"고 물으니 "노은개입니다"라고 대답하고는 홀연히 사라지니 또한 기이한 일이었다. 남강에서는 빨래하는 여자들이 해마다 물에 빠져죽었는데 이 해부터 이와 같은 재난이 없어지니 읍내 사람들은 별제의 효험이라 여겼다. [노은개는 속칭 논개(論介)라고 한다.]

유월의 첫 길을 택하여 기일보다 5일 앞서 제관을 뽑아 차첩(差帖)을 보내 그들로 하여금 삼일 동안 재계(齋戒)토록 한다.

초헌관, 아헌관, 종헌관[노기(老妓)로 덕망이 있어야 한다], 당상집례, 당하집례 [약간의 문리를 해득한 사람이어야 한다. 홀기(笏記)를 읽어야 한다], 대축, 전사관, 찬자[동·서에서 창(唱)한다], 알자, 사준, 봉작, 준작, 봉향, 봉로, 가자(歌者) 8인, 무자(舞子) 12인, 당상악공 5명, 당하악공 6명.

제물은 떡, 국수, 밥, 국, 술, 적, 탕, 간, 수박, 포, 식혜이다. 채화를 각 그릇 위에 꽂고 초와 향을 촉석루 위에 배설한다. 알자가 여러 집사를 인도하여 절한다. 헌관을 인도하여 절한다. 풍악을 울린다. (당상과 당하가 함께 연주한다.)

영신곡을 아뢴다. 풍악이 그치면 세 번 향을 오린다. 풍악이 연주되면, 당상악을 연주한다. 가자는 〈상향악장〉을 부른다. ('계면조'로 부른다.)

4 제2차 진주성 전투 때 순국한 진주성 삼장사 중 한 명인 경상우도병마절도사 최경회를 말한다.

무진년(1868) 유월 일에 제단을 무어 분향하여
해는 때에 따라 달리 부른다.
삼백 명 기녀들이 정성으로 제사를 지내오니
논개 낭자 충의로운 혼백이 내리실가 하노라.

무자는 춤을 춘다. 노래할 때는 당상악을 연주하고, 춤을 출 때는 당하악을 함께 연주한다. 초헌례를 행한다. 축문을 읽는다.

맵고 매운 영혼은 산천이 기른 정기
빙옥같이 맑은 자태, 상설(霜雪)의 정조를 품었구나
그 옛날 임진년에 섬 오랑캐에게 진주성 함락되어
육만의 의로운 군사(軍士) 한 구덩이에 묻히었네
낭자여, 충심 끓어올라 구차히 살지 않겠노라 맹세하고
백척의 위태로운 바위 끝, 홀로 서서 웃으며 맞이하네
그 왜놈들 죽이고자, 죽음을 홍모(鴻毛)보다 가벼이 여기니
이 여인의 충열(忠烈)로 강상(綱常)이 다시 밝네
천추의 꽃다운 절개, 만고의 아름다운 이름
빗돌에 새겨 높이 드러내고 사당 지어 제를 지내네
유월 여름철 길한 날 길한 깨를 가렬
삼백여 명 기녀들 향 사르고 치성을 드리네
젓대 소리 오열하고 변두(籩豆)는 가득 벌였으니
신령은 내리시어 맑은 술잔 흠향(歆饗) 하소서.

헌관이 절하고 풍악이 우리면 가자는 〈초헌악장〉을 노래한다. ('계면 중창'으로 부른다.)

촉석루에 뜬 밝은 달은 논개 낭자의 넋이로다
나라 향한 한 조각 붉은 마음 천만년에 비치오니
아마도 여자 가운데 충신의사는 논개 낭자뿐인가 하노라.

풍악이 울리면 무자는 춤을 춘다. 풍악이 그치면 아헌례를 행한다. 헌관이 절하고 풍악이 울리면 가자는 〈아헌악장〉을 노래한다. ('계면 삼창'으로 부른다.)

맑고 맑은 남강물아! 임진년의 일을 너는 알리라.

충신과 의사들이 몇몇이나 빠졌느냐

아마도 여자 군데 장부는 논개 낭자인가 하노라.

무자가 춤을 추고 풍악이 그치면 삼헌례를 행한다. 헌관이 절하고 풍악이 울리면 가자는 〈삼헌악장〉을 노래한다. (우락조로 부른다.)

우리나라 삼천리 강산에 허다한 것이 바위로다

바람에 닳아지고 비에 씻겨지며 어느 돌인들 안 변하겠는가

그 중에 한 조각 의로운 바위 의암만은 만고의 세월에도 변치 않으리라.

무자가 춤을 추면 풍악을 그친다. 풍악을 울리면 가자는 〈의암별곡〉을 노래한다. ('처사가조'로 부른다.)

촉석루에 올나 안저　　고금사를 생각하니

의암에 놉푼 절개　　천추에 기절(奇絕)하다

아동방 예의국에　　삼강오륜 분명하여

절의를 숭상하니　　충신의사 허다하다

예로붓허 진양성이　　번화가려 제일이라

비봉산은 아미(蛾眉)갓고　　청천강(남강)은 금대되여

산천에 말근 긔운　　논낭자가 되어 나서

빙옥갓흔 자질(姿質)이오　　상설(霜雪)갓흔 마암이라

천생에 고온 몸이　　노류장화 갓틀손가

시운(時運)이 불행하여　　임진년을 당하오니

늠름충절 삼장사난　　일배소지(一盃笑指) 남강수라

불상하다 육만인이　　일일병명(一日並命) 하단말가

이때에 논낭자가　　충분(忠憤)이 격동하여

위국하여 순절할 일　　일편심에 결단하고

녹의홍상 갑주삼고　　진수아미(螓首蛾眉) 검극(劍戟)삼아

장대갓흔 바위 우에　　올나 안저 기다리니

금슈갓튼 적장 놈이　　압헤 와서 범수(犯手)한다

옥수(玉手)로 부여잡고 만경청파 떨어지니
천지가 암참(黯慘)하고 귀신이 우난도다
만고에 빗난 강상 일여자(一女子)가 붓자부니
그 충성 그 의기가 여중열사(女中烈士) 이 안인가
남강명월 발근 빗치 화용옥아(花容玉兒) 다시 본 듯
반야(半夜)에 풍우(風雨)소리 슬푸고 처량하다
비 세워서 기록하고 사당지여 제사하니
의암에 높은 일음 천만년에 전하리라
성오성내 여기(女妓)들이 모도 모여 치성할 제
관현가무 찬난하고 화과향촉 장할시고
태평성사 이 안인가 국태민안 하오리라

풍악이 울리면 제관으로부터 이하 참반(參班)한 모든 기녀가 함께 춤을 춘다. 풍악이 그치면 변두를 물린다. 헌관 이하 모든 집사가 절하고 나간다. 제사를 마치면 제사음식을 나누어준다.

촉석루의 유월, 제단을 무어 분향하고
단장한 수백 명 기녀들 일제히 치성드리네
진양성 가득히 신악부(新樂府)를 이야기하니
의암의 이름 천추에 길이 전해지리라.

矗石樓(촉석루)[5]

한국민족문화대백과사전에서는 "의암별제가무"를 다음과 같이 설명하고 있다.

정현석이 1867년(고종 4년) 진주목사로 부임하여 이듬해 의기사(義妓祠)를 중건하고, 그해 6월의 좋은 날을 택해서 '의암별제'를 유교식으로 거행했다. 제사에는 3인의 제관(祭官) 이하 필요한 모든 인원은 진주 관기 300여 명이 담당했

5 정현석 편저, 성무경 역주, 『교방가요』, 보고사, 2002, 206-213쪽.

다. 그 중 노래하는 사람 가자(歌者) 8명, 춤추는 사람 무자(舞者) 12명, 당상악공(堂上樂工) 5명, 당하악공(堂下樂工) 6명이 음악과 춤을 담당했다. 의암별제가무는 이때에 연행되는 노래와 춤을 말한다.

『교방가요』의 별제의식과 가무의 사용 순서는 다음과 같다.

① 영신례(迎神曲, 신을 맞는 예식): 당상에 있는 악공 5인이 '영신악곡'을 연주한다. 향을 3회 사르는데, 이때 가자(노래하는 사람)는 '상향악장'(上香樂章)을 여창가곡의 계면조로 노래한다. 무자(춤추는 사람)는 춤을 춘다. 노래를 할 때는 당상에서 음악을 연주하고, 춤을 출 때는 당하에서 함께 연주한다.

② 초헌례(初獻禮, 첫 잔을 올리는 예식): 축문(祝文)을 읽고 난 후 초헌관이 절을 하는데 음악이 연주되고 가자는 '초헌악장'을 계면중창(界面中唱)으로 노래한다. 음악이 연주되면 무자는 춤을 춘다. 음악이 그친다.

③ 아헌례(亞獻禮, 두 번째 잔을 올리는 예식): 아헌관이 절을 하면 음악이 연주되고, 가자는 '아헌악장'을 계면삼창으로 노래하며, 무자는 춤을 춘다. 음악이 그친다.

④ 삼헌례(三獻禮, 셋째 잔을 올리는 예식): 종헌관(=삼헌관)이 절을 하면 음악이 연주되고 가자는 '삼헌악장'을 우락조(羽樂調)로 노래한다. 무자는 춤을 춘다. 음악이 그친다.

⑤ 음악이 연주되면 가자가 '의암별곡'(義巖別曲)을 처사가조(處士歌調)로 노래한다. 음악이 연주되면 제관 이하 제사에 참여한 모든 기녀들이 다함께 춤을 춘다.

⑥ 철변두(撤籩豆, 제기를 철수하는 예식): 헌관 이하 여러 집사들이 절을 하고 물러가면 제사가 끝난다.

⑦ 음복(飮福): 다함께 제사에서 물린 음식을 나누어 먹는다.

최순이(崔順伊, 1884~1969)에 의하면, 행사 후 여흥가무가 3일씩이나 연행되

었다고 한다.[6]

1868년 진주목사 정현석에 의해 처음 시행된 의암별제는 최순이[7]에 의하면 고종 때까지(대략 1900년대)도 시행되다가 일제강점기 때 중단되었다고 한다. 1992년에 복원된 의암별제의 의식절차에 대하여 양지선 등(2010)은 다음과 같이 정리하고 있다.

> 제단에 논개의 신위를 봉안하고 나면 본격적인 제례의식이 시작된다. 악관(樂官)과 무관(舞官), 창관(唱官)들은 각 제자리에 위치하여 제례순서에 따라 의식을 진행하게 되는데, 의암별제의 모든 의식절차는 유교의 제례형식을 따르고 있고 별제의 내용은 논개의 의로운 죽음을 애도하고 추모하는 내용으로 진주교방 기생들의 춤과 노래를 올리게 된다. 본고에 제시된 의암별제의 의식절차는 『교방가요』의 "의암별제가무"편을 기본으로 하여 1992년에 복원되어 2010년 현재까지 연행되고 있는 절차이다. 의암별제가무(義巖別祭歌舞)의 순서는 집례(執禮)자가 읽는 제의홀기(祭儀笏記)의 순서에 따라 진행된다.
>
> 1) 영신례(迎神禮)
>
> 영신례는 논개의 신위를 모시고 논개의 혼을 맞이하는 절차이다. 영신악(迎神樂)이 연주되면 알자는 초헌관에게 나아가 행사를 청한다. 헌관과 제사에 참여하는 모든 사람들은 재배(再拜)하고 각자의 자리에 위치한다. 영신악에 맞추어 영신무(迎神舞)가 추어지는데 의암별제의 악장은 16박이 1장단으로 이루어진 가곡악장으로 악보는 정간보를 사용하고 있다.
>
> 2) 상향례(上香禮)
>
> 상향례는 먼저 향을 올리는 의식이다. 상향례 부터는 가자(歌者)들이 노래를 부르는데 노래는 초장 중장 종장으로 이루어진 시조시를 5장으로 늘린 가곡을

6 한국민족문화대백과사전.

7 최순이는 진주교방 출신으로 궁중의 검무를 진주교방에 전승하여 진주검무(晉州劍舞)가 중요무형문화재가 되기까지 결정적 역할을 하였다. 또한 최순이는 진주교방 기생 시절 고종 대 선상기(選上妓)로 뽑혀 올라가 궁중의 연회에 참가하고 다시 진주교방에 내려와 궁중의 춤들을 전승하였다(양지선·김미숙, 「의암별제의 특성연구」, 『한국무용연구』 28권 2호, 2010, 169-192쪽).

부르게 된다. 노래가사는 논개의 의로움과 애국정신을 기리는 내용이다. 무자(舞者)들은 상향악장의 노래에 맞추어 춤을 추게 되는데 전원이 같은 방향을 보고 같은 동작으로 구성된 삼상향무(三上香舞)를 추게 된다.

3) 초헌례(初獻禮)

초헌례는 첫 번째 술을 올리는 절차로서 초헌관이 알자(謁者)의 인도를 받아 준소의 서쪽을 향하여 서면 〈초헌악장〉이 연주되고 초헌무를 추게 된다. 초헌무에서는 일자무를 추게 되는데 각 박마다 동작이 절도 있게 움직이며 초헌악장의 가곡노래에 맞추어 춤을 춘다. 초헌례에서는 대축이 축문을 읽는다. 축문의 내용은 임진년 논개의 의로운 죽음과 충절에 대한 치사로 이루어졌다.

4) 아헌례(亞獻禮)

아헌례는 두 번째 술을 올리는 절차이다. 악이 울리면 가자(歌者)는 아헌악장(亞獻樂章)의 가곡을 부르고 무자(舞者)는 아헌무를 춘다. 찬인(贊引)이 아헌관을 인도하여 준소의 서쪽으로 가서 술을 받아 신위에 올린다.

5) 종헌례(終獻禮)

종헌례는 마지막 즉 세 번째 술을 올리는 절차로서 종헌관이 찬인(贊引)의 인도를 받아 신위전에 술을 올리고 나머지 헌관들은 부복(俯伏)하여 사배(四拜)한다. 종헌악장은 1분에 55정간을 연주하므로 초헌, 아헌악장에 비해 빠른 가락으로 연주되고 종헌무의 춤동작은 아헌무와 같다.

6) 사신례(辭神禮)

사신례(辭神禮)에서는 일반 참반객(參班客)들이 논개의 제단에 분향을 하는 동안 의암별곡(義巖別曲)이 연주되고 가자(歌者)들은 처사가조(處士歌調)의 여창가사를 노래한다. 의암별곡의 가사는 시조시로서 노래로 불려지기 위해 만들어졌으며 4음보격 3행시가 여러개 합쳐진 사설시조형식이다. 의암별제의 가곡은 16박이라는 긴 리듬틀을 유지하면서 호흡을 길게 하여 노래하고, 그 노래에 맞추어 춤을 추는 것이 특징이다. 사신례와 음복례를 행하는 동안 반복하여 노래와 춤을 행한다.

7) 음복례(飮福禮)

의암별제의 모든 제사가 끝나면 헌관(獻官)이하 모든 집사(執事)가 절하고 나가고 제사에 쓰였던 음식과 제주(祭酒)는 많은 사람들에게 나누어 준다. 이것은 그 옛날 진주기녀들이 구휼에도 앞장섰음을 알 수 있다. 그리고 바로 진주검무를 헌상(獻上)하는데, 이는 논개의 영혼과 충절에 바치는 기녀들의 정신이었으며 고귀한 예술로 승화시킨 것이라 할 수 있다.

8) 여흥가무(餘興歌舞)

『교방가요』의 의암별제 가무편에서 모든 의식이 끝나고 난후의 상황을 묘사한 구절이 있다. "음악이 연주되면 제관이하 모든 참반한 모든 기녀가 춤을 춘다. 음악이 그치면 제기를 거두고 헌관이하 모든 집사는 절하고 나간다. 제사를 마치면 제사음식을 나누어 준다(惡作自祭官以下參班諸妓皆舞 樂止. 撤籩豆 獻官以下諸執事排出 祭訖 竝饋餕餘.)"라는 구절은 별제가 끝나고 여흥의 모습을 보여주는 것이라 볼 수 있다. 최순이 할머니의 구전에서도 논개를 추모하는 의암별제의 제례의식이 끝나면 여흥잔치가 3일 동안 계속되면서 촉석루는 오색 꽃으로 화려하였으며, 연 삼일을 음악소리가 멎지 않는 불야성을 이루고 원근에서 모여든 구경꾼들이 인산인해를 이루었다고 한다. 의암별제의 진행절차에 따른 음악과 춤의 형태를 다음의 표로 작성하였다.

**의암별제 진행절차에 따른 춤과 노래**

| 의암별제의 순서 | 춤의 여부 | 춤의 이름 | 음악 | 노래 | 비고 |
|---|---|---|---|---|---|
| 영신례 | ○ | 영신무 | 영신곡 | × | |
| 상향례 | ○ | 삼상향무 | 상향악 | 계면조 이수대엽 | 가곡 |
| 초헌례 | ○ | 초헌무 | 초헌악 | 계면조 중거 | 가곡 |
| 아헌례 | ○ | 아헌무 | 아헌악 | 계면조 두거 | 가곡 |
| 종헌례 | ○ | 종헌무 | 종헌악 | 평조우락 | 가곡 |
| 사신례 | ○ | 의암별무 | 의암별곡 | 처사가조 | 가사 |
| 음복례 | ○ | 의암별무 | 의암별곡 | 처사가조 | 가사 |
| 여흥가무 | ○ | 진주검무와 진주교방의 춤들 | | 가곡, 민요 | |

위의 표에 나타나듯이 의암별제는 유교의 제의절차를 철저히 따라 행했고, 그에 따른 음악과 춤들도 절차마다 달랐다. 이러한 의식을 주관하는 사람은 전원 모두 기생들이었기에 여흥가무가 있었다는 것이 다른 유교의 제사의식과 다른 점이라 할 수 있다.[8]

일제강점기 때의 촉석루와 의암 ©국립중앙박물관

촉석루 ©문화재청 국가문화유산포털

8 양지선·김미숙, 「의암별제의 특성연구」, 『한국무용연구』 28권 2호, 2010, 169-192쪽.

의암 ©문화재청 국가문화유산포털

의기사 편액 ©문화재청 국가문화유산포털

의기사 ©문화재청 국가문화유산포털

진주의암사적비 ©문화재청 국가문화유산포털

2019년 의암별제 ©경남미디어

진주검무 ©문화재청 국가문화유산포털

또한, 정현석은 김해부사 재임 중에 임진왜란 때 김해의 사충신 중 한 사람이었던 송빈이 전사한 송공순절암에 「송공순절암기」(宋公殉節巖記)를 남기기도 하였다. 다음은 『松潭書院誌』에 남아있는 「송공순절암기」의 원문과 한글로 번역된 내용이다.

築四忠壇記履及子城北有石屹然猛獸搏噬之狀詞于府人則曰宋公殉節巖也盖我皇明嘉靖年間參議宋公諱賓之先諱昌與舊要題名而及壬亂宋公守府城遂僅於是其後雲仍繼刊之余慕公之偉烈恐其石之久而泯也與其來耳謀不答而剔之治垣而僚之然後人之過府者知有是巖也庶宋公之名并壽于石而欲爲他日是邦之故事云爾

**순절암기(殉節巖記)**

사충단(四忠壇)의 축조(築造)를 마치고 발걸음이 미친 이곳 김해성 북쪽에 한 큰 암석이 있는데 우뚝 솟은 모양이 맹수(猛獸)가 무엇을 치고 깨무는 형상이라 부민(府民)들에게 물으니 이르기를 송공 순절암(殉節巖)이라 한다.

이는 황명가정년간(皇明嘉靖年間)에 참의공 송빈의 부친 휘(諱) 창(昌) 및 그 오래된 벗들이 제명(題名)하였으며 그 뒤 임란에 이르러 송공이 부성(府城)을 지키다 이곳에서 마침내 순절하셨다.[9]

그 뒤 송공의 후손들이 이어서 글을 새겼으며, 내가 송공의 위열(偉烈)을 추모하고 그 돌(石)이 오래되어 그 내력이 민멸(泯滅)될까 두려워함이라.

그 돌에 낀 이끼를 털어내고 글을 새겼다. 그리고 주위 담장을 고친 후에, 김해 고을을 지나가는 사람들이 이 순절암(殉節巖)이 있음을 알리라.

바라건대 송공의 이름이 이 돌의 수(壽)와 아울러 다른 날에 우리나라의 고사(故事)가 되기를 바라노라.

1871년 김해부사 정현석(鄭顯奭) 근지(謹識)[10 11]

---

9 가정은 명나라 세종(명나라 11대 황제)의 연호이며, 1592년 4월 20일 송빈이 사망한 송공순절암에 송빈의 부친인 송창과 그의 벗들(원백수, 김경, 손암)이 제명(題名)한 시기는 중종 32년(1537년, 정유년)이다. 『송담서원지』, 김해사충단표충회 송담서원, 2018, 76-77쪽; 『김해인물지』, 김해문화원, 2002, 37쪽.

10 삼가 기록하다는 의미이다.

11 『松潭書院誌』, 김해사충단표충회, 2018, 76-77쪽.

송공순절암

한편, 정현석 김해부사는 고종 5년(1868년)에 송담서원과 표충사가 흥선대원군의 서원 훼철령에 의해 3번째 훼철되었는데 1871년(고종 8년) 류식(柳湜)을 추가하여 사충신을 기리기 위한 사충단(四忠壇)을 건립하였다.

김해의 사충신을 기리기 위한 사충단은 처음에 김해읍성 내의 분성대 남쪽에 건립되었다. 그 이후 1995년 4월 20일 사충신의 제향일을 기해 현재의 동상동 161번지로 이전하여 송담서원(松潭書院)과 표충사(表忠祠)를 복원하였다. 그런데 이와 같은 사충단, 송담서원, 표충사가 현재 위치에 오기까지는 많은 곡절과 과정이 있었다. 다음은 『松潭書院誌』와 『松潭書院略誌』에 기록되어 있는 사충단, 송담서원, 표충사의 연혁을 요약한 내용이다.

숙종 33년(1707년): 충무공의 후예 부사 이봉상[12]이 송빈 공의 사당을 지어 봉향할 것을 조정에 상소하다.

숙종 34년(1708년): 부사 이봉상 공(公)이 발의하고 향유림(鄕儒林)의 협력으로 숙종 42년(1716년)에 주촌면 양동리 가곡에 표충사를 세워 매년

12 이병태(2001)의 『국역 김해읍지』에 의하면 이봉상 김해부사의 재임기간은 1708년(무자년) 3월 6일부터 1709년(기축년) 2월 22일까지다.

2월 8일 송빈 선생의 향사를 올리다. 당시 포산(苞山) 곽재일(郭在一)의 상량문과 진주목사 이규년(李奎年)의 봉안문(奉安文)이 있다.

영조 18년(1741년): 표충사가 1708년(戊子年: 무자년)에 세워졌으나 집사자(執事者)가 조정에 무자년(戊子年)을 무술년(戊戌年)으로 잘못 혼동 보고하는 바람에 훼철대상에 포함되어 훼철되었다.

정조 8년(1784년): 경상도 유림들의 표충사 재건 상소로 진례면 신안리 무송에 복설(復設)되었다. 이때부터 이대형, 김득기를 더하여 삼충(三忠)을 향사하고 사호(祠號)를 송담사(松潭祠)라 하였다.

순조 원년(1801년): 순조의 서원 훼철령에 의해 2번째 훼철되었다.

순조 24년(1824년): 밀양 안경제 등 25읍 148명을 비롯하여 도내(道內) 유림들의 20년에 걸친 복원 상소로 순조의 윤허를 얻어 다시 복설되고 사호(祠號)를 올려 송담서원, 송담사라 하였다.

순조 33년(1833년): 왕이 송담사를 다시 표충사로 사호(賜號)하고 제문(祭文)을 지어 제물(祭物)과 함께 영조정랑 이건우를 특사로 왕을 대신하여 제사를 지내게 하였다.(중략)

고종 5년(1868년): 송담서원, 표충사가 흥선대원군이 서원 훼철령에 의해 3번째 훼철되었다. 동년에 삼충실기(三忠實記)가 간행되었다.

고종 8년(1871년): 훼철 후 3년간 선산 성언술, 창녕 조창현 등 90여인의 경상좌우도 유림들이 대대적으로 통문을 돌리며 복설운동을 한 결과 고종의 윤허를 얻어 동래와 진주의 예에 따라 부사 정현석이 류식(柳湜) 공(公)을 더하여 사충신(四忠臣)을 위한 사충단(四忠壇)을 설단하고 향사를 받드는 절차를 정해 사충단의 연혁을 설명한 금관충렬단(金官忠烈壇) 절목(節目)을 찬정(撰定)하였다.(중략)

1910년: 경술국치 이후 1946년까지 36년간 일본의 탄압으로 향사를 받들지 못하였다.

1946년: 사충신의 애국애족 정신을 널리 선양하고 오래도록 전승하며 향상봉행을 위하여 거군적(擧郡的)으로 김해 사충단 표충회를 결성하고 매년 순절일인 음력(陰曆) 4월 20일 향사를 받들었다.

1952년: 4월 20일 김해 표충회 주관 사충신의 창의순국(倡義殉國) 360주년 기념식을 관민일치로 성대하게 거행하였다.(중략)

1978년: 12월 사충단을 김해시 동상동 228번지로 이전하였다.(중략)

1983년: 7월 20일 경상남도 문화재자료 제29호로 지정되었다.

1990년: 12월 20일 경상남도 기념물 제99호로 지정되다.

1995년: 5월 성역화사업 추진으로 시비, 도비, 국비의 보조로 사충단을 현재 위치인 동상동 161번지로 이전하고 동시에 송담서원, 표충사를 복원하였다.[13]

송담사가 있던 송담(松潭) 주변과 삼충대 비
– 김해시 진례면 신안리 무송마을[14]

위와 같은 사충단, 송담서원, 표충사의 연혁이 있으며, 최종적으로 고종 12년(1875년) 송빈은 가선대부 이조참판, 이대형은 가선대부 호조참판, 김득기는 가선대부 호조참판, 류식은 가선대부 이조참판으로 추증되었다. 참판은 종2품 관직으로 현재의 차관을 말한다. 김해부사(종3품)보다 두 단계나 더 높은 품계의 벼슬을 추증 받은 것이다.

---

13 『松潭書院誌』, 김해사충단표충회, 2018, 38-42쪽; 『松潭書院略誌』, 김해사충단표충회, 2016, 31-34쪽.

14 송담사가 훼철될 때 송빈, 이대형, 김득기 3명의 위패를 송담사 터 땅속에 매안하였다.

삼충대 비 앞면

삼충대 비 뒷면

사충단비각(사충단)

최근 새롭게 단층을 한 사충단

四忠壇碑
贈嘉善大夫吏曹參判柳公諱湜
贈嘉善大夫戶曹參判金公諱得器
贈嘉善大夫戶曹參判李公諱大亨
贈嘉善大夫吏曹參判宋公諱賓

사충단비

송담서원 전경

사충단과 송담서원 입구

송담서원

표충사

한편, 정현석 김해부사는 고종 8년(1871년) 신미년에 사충단을 건립하고 나서 「사충단비각기」(四忠壇碑閣記)를 기록하기도 하였다. 다음은 한글로 번역된 「사충단비각기」의 내용이다.

> 초사의 구가 중 하나인 국상(나라 위해 죽은 사람)의 노래에 '긴 칼을 차고 진궁(강궁)을 메니, 머리가 비록 떨어져도 마음은 원망하지 않겠다.'하니, 아아, 열사가 순국한 굳센 넋이 없어지지 아니하고, 남쪽 고을 사람들이 추모하여 제사를 드리는 것은 다만 신을 즐겁게 함만 아니라 역시 열사와 동일한 나라를 지키는 정성에서 나왔다고 할 수 있다.
>
> 내가 금관에 도임하여 주지(州誌)[15]를 펼쳐 보다가 임란에 순절하여 빛남이 더욱 다른 자, 4인이 있었으니, 송공 휘 빈은 강개한 큰 절의가 있으며, 여력으로 과거공부를 하였으나, 예조의 시험에서 5번 낙방하여 드디어 과업(과거공부)

15 부지(府誌), 즉 김해읍지를 말한다.

을 폐하고 있었는데, 임진에 부(府)에서 보낸 격문을 보고 성을 지키는 중군장이 되었는데 적이 북문에 물을 대니 공이 밤에 나가 수백 급을 베니 적이 신장이라 생각하며 물러가 죽도(竹島)에 주둔하니 또 적진을 찔러 참살하고 산산(蒜山)까지 갔다가 돌아왔으며, 류공 휘 식은 뜻과 기운이 헌앙하며 세상의 조그만 일에 마음을 쓰지 않으며 일찍이 선정을 중수하며 시나 읊으며 지내다가 왜병이 이르자 몸을 빼어 부성에 들어가 북문을 지키며 군사를 훈련하고 양식을 모으며 호령이 분명하니 군중이 믿어서 두려워하지 않았다. 이공 휘 대형은 본디 효우로 이름나고 5번 향천을 받고 겸하여 사장을 일삼아 여러 번 향시에 합격했는데 왜란이 장차 급박하니 장정 100여 인을 모아 달려 들어가 성 남쪽을 맡아 지키는데 적이 밤에 허수아비를 만들어 던지니 성중이 크게 흔들렸으나 공이 홀로 성문을 굳게 닫고 인심을 진정시키니, 적이 감히 들어오지 못하였다. 김공 득기는 효행이 높으며 일찍 무과에 합격했으나 벼슬 얻기를 바라지 않았는데, 왜적(염치)이 바다를 건너자 공이 가족에게 명하여 행장을 꾸리게 하고 한 벌의 도포와 한 움큼의 머리털을 그 아들에게 주며 왈(曰) '이것으로 너의 어머니와 합장하라.'하고 성중으로 들어가 동문장이 되어 팔을 휘둘러 성을 타고 고슴도치처럼 모여드는 오랑캐를 막았다. 4월 20일 적이 보리를 베어 성 구덩이를 메우고 짓밟아 들어오니 부사는 이미 북문으로 떠나고 사졸이 와해되니 4공이 남은 군사를 수습하여 마음을 같이 하여 힘껏 싸우다가 적의 칼날이 수풀처럼 모여들어 몸에 남은 살점이 없었으나, 끝내 분노하여 적을 꾸짖다가 죽었다.

아아, 4공이 처음부터 녹(녹봉: 祿俸)을 먹은 은혜나 땅을 지킬 직책이 없었으나, 의기를 분발하여 순국하여 죽음 보기를 돌아가는 듯이 하였으니 진실로 평소에 의기를 기른 바가 아니면 어찌 능히 이와 같을 수 있으랴! 어떤 자는 말하기를,

"한갓 죽는 것만으로는 쓸모가 없다."하니 이 말은 무슨 말인고? 춘추시대 노중련이란 절사가 진나라가 제호 일컬음을 싫어하여 바다를 넘어 동해에 가서 숨었으니 진병이 물러갔고, 당나라 안녹산 난리에 상산태수 안고경이 적을 꾸짖다가 죽으니 당의 왕실이 회복된 것은 대개 바른 충성 높은 절의는 천하 의사의 간담을 격동시키는 때문이다. 그러니 우리 조선이 다시 종묘 사직이 안정된 것은 역시 어찌 사충의 힘이 아니겠는가!

난이 끝나 일이 조정에 알려져 각기 은전을 받았고 순조 계사[16]에 김해 표충사에 치제하라 명령하셨으니 사당의 위패는 송·이·김공이었다.

내가 생각하니 4공의 공은 일체와 같은데 조정에서 추정한 것도 함께 이르렀는데 그러나 읍인이 사당을 세움에 3인에게만 한한 것은 어째서냐? 아니면 드러나고 숨은 것이 때가 달라 기다림이 있어 그런 것이냐? 장순이 안녹산 난리에 수양성을 사수할 때 허원, 남제운의 충성과 용맹이 있었으니 기록이 빠져버려 한유(퇴지, 호창려)가 전을 짓고 후서하여 그 사실을 밝혔으니 나도 역시 여기에 그런 느낌 있다. 인하여 동래의 송공단, 진주의 충렬단(창열사)의 예를 모방하여 분성대의 남쪽에 단을 설치하여 군복(융복) 장사를 다스려 명명하여 '사충단(四忠壇)'이라 하며, 단 위에 몇 자(척)의 비석을 세워 간략이 4공의 증작과 성휘를 쓰니 4가(四家)의 자제가 비각(碑閣)을 하여 덮으며, 내게 한 마디를 청하여 징거하라 하여 드디어 기록하노라.

숭정(고종 8년, 1871년) 기원후 오신미 중동에 부사 정현석은 삼가 기록함.[17]

## 「금관충렬단절목」

정현석 김해부사는 고종 8년(1871년)에 사충단을 건립하고 향사를 받드는 절차를 정해 사충단의 연혁을 설명한 「금관충렬단절목」(金官忠烈壇節目)을 제정하였다. 다음은 한글로 번역된 「금관충렬단절목」이다.

### 신미(辛未) 5월 일 「금관충렬단절목」

우(右: 이하)의 절목으로 영원히 준행할 절목(규례)으로 삼는다.

옛날 왜적의 난리에(임진왜란) 연해의 여러 고을이 가장 많이 뱀과 독사의 침략을 받았는데 의에 분발하여 입절하여 죽은 사람이 다 조정의 민측한 예전을 받았었다. 그리하여 부사(주관)가 군인 장교를 거느리고 그 땅에 나아가 제단을 설치하고 제사 드리기를 해마다 상례로 하여 동래의 송공단, 진양의 충렬단과

16 순조 33년(1833년)을 말한다.

17 『松潭書院誌』, 김해사충단표충회, 2018, 169-173쪽; 『우리 고장 김해를 지킨 사충신 이야기』, 김해시, 2017, 150-152쪽.

같이 했을 따름이다.

(중략)

아아, 매섭도다! 섬 오랑캐가 모두 와서 침략함이여! 적은 하늘에 닿아 바다를 뒤덮을 형세를 가졌으니, 한 모서리 외로운 성이 나라를 지킬 탄환이 되기에 너무나 작은데, 4공(公)이 맨손으로 그들과 대항하여 오래 끌수록 형세와 힘이 다하여 북향 통고하며 조용히 죽음의 땅에 나아갔도다!

(중략)

아아, 매섭도다! 이제 동래와 진주의 예에 의하여 분성대 남쪽에 사충단을 설치하여 경비(름)를 들여 제사를 돕고 성이 함락된 날짜 4월 20일에 그 행적에 상응하는 제향절차를 이하에(후) 열기하여 영구히 준행할 법식으로 할 것(事).

좌수 허(수결), 중곤 조(수결), 부향 유(수결)

별감 조(수결)

행수군관 박덕권, 고상우, 오 의

본청병교 김상곤

토포병교 탁용환, 호장 배찬억, 이방 배만도

호장 배찬규, 형방 김의찬, 병방 김학곤

예방 박정무, 공방 배예도, 승발 김문우

**부사(府使) 압수결(押手決)**

1. 제수는 본전(本錢) 200냥을 수성전(부(府)의 경비)으로부터 받아 4분(分)의 이식(利息)을 붙여 매년 4월 초 10일 거두어 들이며, 80냥을 중곤소(中軍所)로부터 받아 제물을 정밀히 갖추어 동월 20일 유시(酉時)에 행례(行禮)할 것.
1. 기일에 앞선 오일에 제관을 차출하며, 이틀 동안(2일간) 치제(齋戒)할 것.

초헌관(부사), 아헌관(좌수), 종헌관(중군), 집례

**대축(大祝)**

전사관(典祀官)

사준 1인, 봉작 4인, 찬창 2인, 알자 1인, 봉향 1인, 봉로 1인[만약 부사가 사고(事故)가 있으면, 천총이 종헌관이 되며 좌수가 초헌, 중군이 아헌이 된다. 헌관은 군복을 입고 칼을 차며, 채찍을 잡으며, 집례 이하 천파총·수교·병교·지각관은 시임(현재의) 장관으로 차출하며, 함께 군복을 입고 칼 차고 채찍을 잡아 대열을 만들며, 초관·별총·별장은 각기 거느리는 분대(分隊)를 거느리고 차례로 늘어선다.]

1. 단상에 네 칸의 장막을 설치 관이전[관이영전(貫耳令前): 전쟁에서 군율을 범한 사형수의 두 귀에 화살을 꿰어 여럿에게 보이던 일], 인기[認旗: 주장(主將)이 호령하고 지휘하는데 쓰는 깃발], 참도(斬刀: 목 베는 칼), 순령기[巡令旗: 대장(大將)의 명령을 전달하는 깃발], 청도기(淸道旗: 행진할 때 앞에서 길을 치우는 깃발), 금고기[金鼓旗: 군중에서 취타수의 좌작진퇴(坐作進退)를 지휘하는 깃발], 취고수(吹鼓手: 북치는 군사), 세악수(細樂手: 군중에서 장구, 북피리, 저, 깡깡이로 편성한 악공군), 군뢰[사령(使令)] 등을 갖출 것.

**지방식(紙榜式)**

증통정대부공조참의송공신위(선우)

증통정대부병조참의류공신위

증통정대부장예원판결사이공신위

증절충장군첨지중추부사김공신위[18]

**축문식(祝文式)**

유세차 간지 4월 간지삭 20일 간지에 부사(府使) 모(某)는 임진년 순절하신 제공의 신위에 대하여 감히 밝게 고하나이다.

엎드려 생각건대, 지난 만력 임진년간에 섬 오랑캐가 창궐하니, 높고 높은 금관성에 누가 돼지처럼 충돌하는 왜적을 막으리오?

증공조참의 송공은 죽도까지 적병을 오살(진살)하고, 산산에서 적의 예봉을 치며, 손가락을 깨물고 혀를 잘랐으니, 충신의 아름다움이 장순 안고경에 짝합니다.

증병조참의 류공은 낙오정에서 평소에 기른 절의와 장수 가문의 빛나는 자손으로 성을 등지고 힘껏 싸워 왜적이 놀라 두려워했습니다.

증장예원판결사 이공은 아들과 이별하여 소매를 끊고 장정을 모집하여 성을 타고 피를 발라 대중과 맹서하니, 장사들이 명령에 죽었습니다.

---

18 정현석 김해부사가 「금관충렬단절목」을 제정한 시기는 사충단을 건립한 고종 8년(1871년) 5월이다. 사충신이 각각 이조참판과 호조참판을 추증받은 시기는 고종 12년(1875년)이기 때문에 여기에서는 선조 33년(1600년)에 추증 받았던 관직명을 지방식으로 한 것이다.

증첨지중추부사 김공은 무관의 옷을 입고, 선비의 행실로 어버이에게 효도하고 나라에 충성하며, 도포 한 벌 머리털 한 줌으로 불산의 북에 부장하였습니다.

아아, 4공의 충의는 일월을 꿰뚫고, 은총의 전례가 북궐에서 내렸으니, 하늘처럼 높은 제단이 엄숙하고 엄숙하며, 영기가 펄펄 날리며 매년 신령스러운 날짜에 공경히 제사를 드리오니 높이 드시옵소서.

**제물식(祭物式)**

사위(四位)를 각각 한 탁상에 설치한다.

병(떡) 사기(四器), 시저(匙箸) 사건(四件), 반(飯: 밥) 사기, 당감갱[식혜(국)] 사기, 육적(고기 적) 사기(그릇마다 80꼬지씩 모두 320꼬지), 숙육(익은 고기) 사근(四斤)(관에서 봉함), 어염(생선 절임) 사미(네 마리), 포(마른 고기) 팔조(8가지를 관에서 봉함), 대구어 사미, 채(菜: 채소) 사기, 장(醬) 사기, 침채(沉菜) 4기, 청주 십이잔, 조(棗: 대추) 사승(四 되), 율(栗: 밤) 사승, 건시(곶감) 12꼬지, 나무(땔감), 숯, 향 일봉(一封), 황촉 4쌍, 축문지 2장(관에서 봉함), 백지 10장, 시생(豕牲: 돼지) 4구(네 마리)

**매위진설도**

(중략)

1. 유시 초각에 지각관이 신위전에 들어가 꿇어앉아 군물을 아뢰며 앞에 배치하며 들어가 금고에게 아뢰면 두 번 대취타를 불고 3번 취타하며 군악 연주를 그친다. 이하의 집례홀기(행사순서)에 나타난다.

**집례홀기**

○알자가 모든 집사자를 인솔하여 들어가서 나아가 신위에 절함 ○모두 절하며 각기 자리에 섬 ○알자가 헌관을 인솔하여 들어가 신위에 절함 ○초헌관을 이끌고 신위 앞에 나아가 제물을 점검하여 봄 ○이끌고 원위치에 돌아옴 ○헌관이 모두 재배함 ○초헌의 예를 행함 ○음악(제례악)이 일어남 ○알자가 헌관을 이끌고 세숫대야에 나아 섬 ○손을 씻고 닦음 ○신위 앞에 나아감 ○꿇어앉음 ○세 번 향을 올림 ○잔을 잡고 잔을 드림 ○엎드렸다가 일어나 자리에 조금 물러나와 꿇어앉음 ○음악이 중지함 ○축관이 축문을 읽음 ○인자가 다시 원위치로 돌아

감 ○헌관이 두 번 절함 ○아헌의 예를 행함 ○음악이 일어남 ○알자가 종헌관을 이끌고 세숫대야 있는 곳으로 나아감 ○대야에 손을 씻음. ○신위 앞에 나아감 ○꿇어앉음 ○ 잔을 잡고 잔을 드림 ○이끌고 다시 원위치에 돌아감 ○음악이 중지함 ○헌관이 재배함 ○종헌의 예를 행함 ○음악이 일어남 ○알자가 헌관을 이끌고 세숫대야 자리에 나아가 섬 ○대야에 손을 씻음 ○신위 앞으로 나아감 ○꿇어앉음 ○잔을 잡고 잔을 드림 ○이끌고 원위치에 돌아옴 ○음악이 중지함 ○헌관이 재배함 ○ 축관이 제기를 걷음 ○헌관이 모두 재배함 ○알자가 헌관을 이끌고 나아가 바라보며 지방 축문을 불사름 ○'불살랐습니다.'고 말함 ○알자가 헌관의 왼쪽에 나아가 '예필'이라고 말함 ○물러나옴 ○본손이 재배함 ○모든 집사가 다 재배하고 나옴 ○지각관이 금고에게 아뢰면 두 번 대취타를 연주하고, 군물 앞에서 3번 취타하고 물러나옴.

1. 음복에 행하는 것은 헌관 이하가 각기 처소에 돌아가서 행한다.

아헌관과 삼헌관은 대축과 더불어 제물을 나누며, 나머지는 각각의 처소에 보내는데, 그 두령을 불러와 인원수를 헤아려 나누어 줄 것.

(다음은 각 부서의 인원과 음복하는 장소이다.)

사[使: 부사(府使)] 통인(通引) 20, 기생 15, 관노 20, 관비 10(이상은 함허정에서)

향소 3, 중군 1 본손(本孫) 30, 제장관 25(이상은 연자루에서)

작대리(作隊吏: 작청[19]의 아전) 50은 (객사의 서대청에서)

별군관 51은 (객사의 동대청에서)

군뢰 25, 사령 25, 육리동임 6, 세악수 6, 기수군 6, 교군 4(연자루 아래에서)

단직 1, 군기고자 1

이상의 인원에게 분배할 제물로 떡(병) 15기, 술 13동이, 육적 300꼬지를 분배하여 줌.

1. 제수전 80냥은 중군소로부터 보급을 받아 나누어 제물과 바꾸어 익힐 것.

설시제(設是齊)

떡(병): 매기(每器) 시장 되(승)로 4승, 매승에 2전씩, 15기 60승

---

19 작청(作廳)은 아전이 일을 보던 청사(廳舍)를 말한다.

반: 매기에 1승 5홉, 4기 6승, 합계 쌀 66승, 값으로 치면 13냥 2전

두: 10승, 값으로 2냥

우: 일쌍(1짝, 2마리), 값으로 20냥

감갱: 4가지, 값으로 2전

어염: 절인 생선 4마리, 값으로 8전

대구어: 4마리, 값으로 1냥 2전

채: 4기, 값으로 3전

침채: 4기, 값으로 1전

장: 4기, 값으로 1전

조(대추): 4승, 값으로 6전

율(밤): 4승, 값으로 6전

건시(곶감): 12꼬지, 값으로 1냥 2전

시생(돼지): 4마리, 값으로 8냥

청주: 12잔, 탁주: 13동이, 합계한 값으로 13냥

관상: 2냥

제관: 15명에게 매인당 5전씩 지불하여 합계 7냥 5전

중군소: 제물 익히고 진설한 값으로 4냥을 지불함.

단직: 단직이에게 매년례로 2냥식 행하.

군기고자: 매년례로 2전씩 행하.

이상 80냥으로 합계함.

**제수전 각면 분급질**

상동면 전 6냥 전곡(典穀) 김우탁

하동면 전 15냥 전곡 안처곤

덕도면 전 3냥 전곡 김종원

활천면 전 9냥 전곡 장명상

좌부면 전 7냥 전곡 탁용한

가락면 전 4냥 전곡 박광신

우부면 전 17냥 전곡 박기현

칠산면 전 6냥 전곡 김정곤

주촌면 전 15냥 전곡 홍길원

유등야면 전 15냥 전곡 허 춘

대야면 전 7냥 전곡 김덕현

녹산면 전 6냥 전곡 김호일

율리면 전 7냥 전곡 조인식

진례면 전 11냥 전곡 임지묵

하계면 전 8냥 전곡 이영근

대산면 전 6냥 전곡 권대종

중북면 전 13냥 전곡 김종신

하북면 전 13냥 전곡 김시하

생림면 전 13냥 전곡 김기석

명지면 전 19냥 전곡 박형식

이상 합계 전 200냥임.[20]

사충단 제향 ©김해사충단표충회

20 『松潭書院誌』, 김해사충단표충회, 2018, 155-165쪽; 『松潭書院略誌』, 김해사충단표충회, 2016, 39-44쪽; 『우리 고장 김해를 지킨 사충신 이야기』, 김해시, 2017, 166-175쪽.

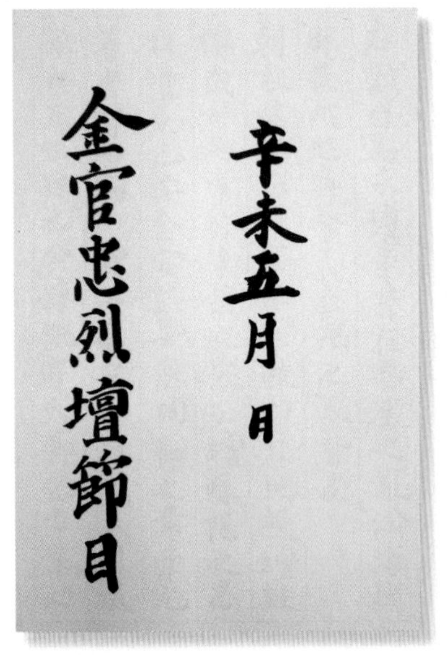
金官忠烈壇節目
辛未五月 日

「금관충렬단절목」 표지 ⓒ김해사충단표충회

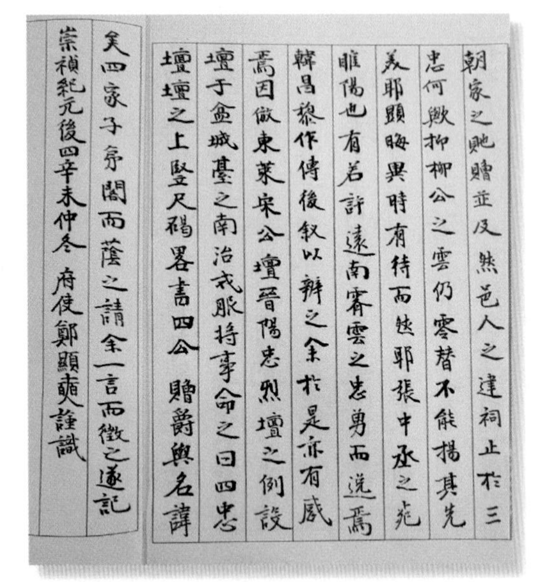
朝家之貤贈並及然邑人之建祠止於三
忠何歟抑柳公之雲仍零替不能揭其先
義耶顯晦異時有待而然耶張中丞之死
雖偶也有若許遠南霽雲之忠勇而洗焉
韓昌黎作傳後叙以辨之余於是亦有感
焉因徵東萊宋公壇晉陽忠烈壇之例設
壇于金城臺之南治戎所將事命之曰四忠
壇壇之上竪尺碣略書四公 贈爵與名諱
矣四家子孫閣而蔭之請余一言而徵之遂記
崇禎紀元後四辛未仲冬 府使鄭顯奭謹識

「금관충렬단절목」 마지막 부분 ⓒ김해사충단표충회

사충단의 주인공들, 즉 김해 사충신에 대하여는 『김해인물지』에 다음과 같이 기록하고 있다.

**송빈(宋賓): 1542~1592**

김해 하계리(진영) 에서 태어났다. 8세부터 공부를 시작하여 곧 문리에 통달하였다. 전부터 웅천현감과 친면이 있어 찾아 갔더니 때마침 왜선이 침범하므로 현감이 크게 놀라 성문을 닫고 막을려고 하니 그가 "허허실실"은 병가의 상사다. 지금 이것은 한 때의 도적질에 불과하므로 인심을 혼란케 할 수 없다. 성문을 열어 놓고 움직이지 않으면 적이 반드시 의심하고 물러갈 것이다"고 하므로 현감도 그의 말이 옳다고 그대로 한즉 과연 적이 들어오지 못하고 물러갔다.

선조 25년(1592년) 4월 임진왜란이 일어나니 부사 서예원이 그가 고을의 명망 있는 선비이므로 함께 의논하자고 청했다. 그는 팔성사(八聖寺, 진례면 신안리)에서 독서중인 장자 정백에게 집에 가서 모를 모시고 아우와 함께 집안을 잘 다스리라고 하면서 소매를 붙잡고 따라오는 아들을 뿌리치고 김해성에 들어갔다. 부사가 크게 기뻐하고 그에게 중군의 소임을 맡기면서 장졸을 모아 놓고 사수하기를 맹세하였다. 이에 이대형, 김득기, 류식과 함께 성문을 나누어 지키게 하고 이인지(李獜祉)는 군량조달을 맡도록 해서 성의 사수를 꾀하였다. 며칠 뒤 적이 성을 포위하거늘 그가 밤에 수백명을 이끌고 나가서 적 수백명을 죽인 뒤 죽도(가락면)까지 추적하였다. 갑자기 적선이 내습하므로 성에 들어가서 지키는데 부사가 성문을 열고 달아나려고 하는 것을 제지했으나, 초계군수 이유검[21]이 서문을 지키다 먼저 달아나고 부사도 강창(강동)에서 배를 타고 진주 쪽으로 달아났다. 19일 밤에 적이 보리를 베어 성밑에 높이 쌓고 참호를 메워서 넘어 쳐들어왔다. 20일에 성의 주장(主將)은 달아나고 사졸(士卒)은 와해되었을 때 죽음을 다하여 독전(督戰)한 끝에 만신창이가 되어 일찍이 부(송창)가 이름을 새긴 바위(서상동지석묘)에서 적이 투항하라고 하는 것을 크게 꾸짖고 역전(力戰)하다가 순절(殉節)하였다. 부하인 양업손이 전사자의 시체 가운데 숨어 있다가 뒤에 빠져나와서 당시의 모양을 전하니 평란된 뒤에 선조 33년(1600년) 공조참의를 추증하였다. 순조 33년(1833년) 표충사(진례)에 치제(致祭)하고, 무송에 송담사를 세우고 3충신을 향사다가 고종 8년(1871년) 사충단을 모아 향사하고 고종 12년(1875년) 이조참판을 가증하였다.

### 이대형(李大亨): 1543~1592

자(字) 봉래(奉來) 호 관천(觀川)

김해 활천리에서 태어났다. 어릴때부터 큰 뜻을 품고 독서에 힘쓰니 고을의 공론으로 천거되었으나 채용(採用)되지 못했으므로 과거(科擧)공부를 중단하고 활천리에서 관천거사라고 자호(自號)하여 두문불출하고 어버이를 봉영하였다. 임진왜란(1592년)이 일어나자 그의 나이 50세였으나 부사 서예원과는 인척간이 되므로 편지를 보내어 입성할 것을 청하니 싸움에 나가려고 하였다. 그의 두 아

---

21 김해성 전투에서 김해부사 서예원의 구원요청에 고맙게도 구원병을 이끌고 온 지방관은 초계군수 이유검, 의령현감 오응창, 합천군수 이숙 등이 있었으나 그들은 전투의 대세가 기울어지자 김해성을 나가 버렸다. 서예원 김해부사 또한 이유검을 잡아오겠다는 핑계로 김해성을 나가 버린 것이다. 한편, 김해 사충신과 함께 죽음으로서 김해성을 지키고자 했던 의병장 중에는 함안에서 달려온 의병장 이령도 있었다. 이령은 동래성이 함락되었다는 소식을 듣고 함안에서 100여 명의 의병을 이끌고 김해성을 구원하러 온 것이다. 김해성이 함락될 때 이령 또한 김해 사충신과 함께 장렬하게 전사하였다. 함안지역에서는 이령을 임진왜란 최초의 의병장으로 소개하기도 한다.

들이 소매를 잡고 같이 가기를 청했으나 이를 뿌리치고 장정 백여 명을 이끌고 입성하니 부사가 크게 기뻐하여 송빈, 김득기, 류식과 함께 성을 지킬 것을 부탁하였다. 4월 17일 적이 성 가까이 까지 와서 세 겹으로 포위하고 북문에 물을 쏟아 넣으니 부사가 외로운 성에 군사는 약하다며 먼저 도주하여 버렸다. 19일 밤에는 왜적이 허수아비를 무수히 만들어 성안으로 던지고 혼란시켜서 쳐들어 오려고 했으나 그들이 잔병을 수습하고 성문을 굳게 닫아 종일 역전(力戰)하였다. 그러나 적은 들판에 익은 보리를 베어서 성호(城濠)를 메우고 성벽과 같은 높이로 쌓아서 이를 밟고 성안으로 난입해 들어오니 20일에 세 충신과 함께 싸우다가 순절하였다. 부곡민(部曲民)인 양업손이 죽은 것처럼 누워 숨어 있다가 밤중에 적이 깊이 잠든 틈을 타서 탈출해 나와서 그들의 분전한 시종을 전하였다. 이 일이 조정에 알려지고 선조 33년(1600년) 장예원판결사(掌隷院判決事)를 추증하였고 숙종 42년 진례면의 송담사에 세 충신을 향사하였다. 뒤에 표충사로 명명(命名)하고 다시 송담서원으로 고쳤으며, 고종 8년(1871년) 사충단을 세워 향사하고 고종 17년(1880년) 호조참판을 가증하였다.

**김득기(金得器): 1549~1592**

자(字) 구오(俱五)

김해 거인리(居仁里, 외동)에서 태어났다. 일찍이 무과에 급제했으나 입신출세할 때가 아니라고 향리로 돌아와서 지성으로 어버이를 섬기며 유유자적(悠悠自適)한 생활을 하던 중 임진왜란이 일어나 왜적이 김해성으로 쳐들어오자 비분강개하고 17세가 되는 육대독자가 옷자락을 붙잡고 만류하는 것을 도포 한 벌 과 한 줌의 머리카락을 잘라 주며 병중의 아내 신씨를 작별하고 입성하니 부사 서예원이 크게 기뻐하고 동문의 수비를 맡겼다. 이에 송빈, 이대형, 류식의 세 충신과 더불어 부사가 떠난 뒤에도 병졸과 군중을 독전하고 구원 없는 외로운 성을 굳게 지키다가 4월 19일 밤에 왜적이 허수아비를 만들어 무수히 성중으로 던져 넣어 교란책을 감행하다가 20일에는 보리를 베어다가 성벽과 가지런히 쌓아 올리고 밤을 타서 일제히 쳐 들어오니 백병전을 벌인 끝에 장렬히 순절하였다. 그때 나이 44세였으며, 그 사실이 조정에 알려져 선조 33년(1600년) 첨지중추부사(僉知中樞府事)를 추증하였다. 처음 진례면 무송의 송담사에 향사하다가 표충사 송담서원으로 고치고, 고종 8년(1871년) 사충단을 모아서 향사하고 호조참판을 가증하였다.

**류식(柳湜): 1552~1592**

자(字) 낙서(樂棲)

하동면 산산(대동면 예안리 마산)리에서 태어났다. 명문(名門)에 태어나 어릴 때부터 학문(學問)에 몰두하다가 세상의 어지러움을 보고 벼슬 길에 나갈 뜻을 버리고 강개한 뜻을 품고 살았다. 임진왜란이 일어나 왜군이 월당진(대동면 월촌리)을 건너 쳐들어온 것을 보고 "우리 집안이 대대로 국은을 입어왔는데 어찌 앉아서 망하기를 기다리겠는가?"하고 가인(家人)과 더불어 집안 노복(奴僕)을 이끌고 김해성에 들어갔다. 이 때 부사 서예원은 이미 진주로 떠난 뒤라 송빈, 이대형, 김득기 세분과 함께 사졸을 위무하고 "주장은 비록 떠나갔으나 우리 네 사람이 한마음으로 보국하고자 한다"고 하였다. 적이 호계의 상류를 막았으므로 성중에 물이 없어 모두 갈증을 면치 못하고 항복하자는 말까지 하는 자가 있었다. 이에 그가 항복하자는 자를 참(斬)하니 군중이 숙연해졌다. 이에 그는 객관의 계단 앞의 땅을 파니 샘물이 솟아나온지라, 그 물을 들어 적에게 보이니 '적이 신과 같이 능한 사람이 반드시 성중에 있을 것이다'고 하였다. 4월 20일에 적이 보리를 베고 성벽높이로 쌓아 올린 뒤 그것을 밟고 성중으로 난입해 왔으므로 그가 칼을 빼어 적 수백명을 베었으니 중과부적으로 세 충신과 함께 전패(殿牌) 아래로 가서 통곡하면서 북향배궐(北向拜闕)한 뒤 적을 꾸짖고 순절하였다. 선조 33년(1600년) 통정대부 병조참의를 추증하고, 고종 8년(1871년) 사충단을 쌓아 향사하고 고종 21년(1884년) 이조참판을 가증하였다. 처 김씨도 부(夫)의 순절을 듣고 따라서 죽으니 감사가 포전(褒典)을 계청(啓請)하였다.

위와 같은 사충신의 활약을 검토해 보면 임진왜란이 일어난 후 부산진성과 동래성이 1592년 4월 14일과 15일, 각각 하루 만에 함락되고 말았는데[22] 김해

22 4월 14일 부산진성을 함락시킨 왜군은 4월 15일 동래성을 공격하여 함락시켰다. 이민웅(2020)에 의하면 부산진성을 함락시킨 왜군은 동래성 외에도 서평포와 다대포도 공격하였다고 한다. 서평포는 전투 없이 무혈점령당한 것으로 보이고, 다대포진성은 4월 14일에 왜군의 공격이 있

성은 주장이 성을 나가버린 상황에서도 4월 17일부터 20일까지 무려 4일이나 버텼다는 것이다. 사충신과 김해 백성들이 처절하게 싸우다가 순절하거나 포로가 되는 상황을 상상해보면 절로 고개가 숙여진다.

김해 사충신이 죽음으로 지키고자 했던 김해성 – 북문(공진문)

첨모재 – 송빈을 향사하는 재실, 김해시 진례면 담안리 ©김해뉴스

었으나 막아냈으며 15일에 함락되었고 다대포첨사 윤흥신도 전사하였다고 한다. 한편, 정만진(2017)은 그의 책에서 "1592년 4월 16일, 다대포첨사 윤흥신이 전사했다"로 기록하고 있다.

모선재 – 송빈을 향사하는 재실, 김해시 진례면 송정리

이대형 묘 – 김해시 상동면 봉암마을 ⓒ김해시온라인관광안내소

관천재 – 이대형을 향사하는 재령이씨 재실, 김해시 삼방동

김득기 묘 – 김해시 한림면 명동리 낙산마을 ⓒ김해시온라인관광안내소

낙산재 – 김득기를 향사하는 재실, 김해시 한림면 명동리 낙산마을 ©김해시온라인관광안내소

복원된 류공정과 류공정 비

류식 묘 – 김해시 진례면 다곡리

낙오정 – 류식을 향사하는 재실, 김해시 진례면 다곡리 ©김해시온라인관광안내소

충순당 이령 정려각 ©경상남도 문화재DB

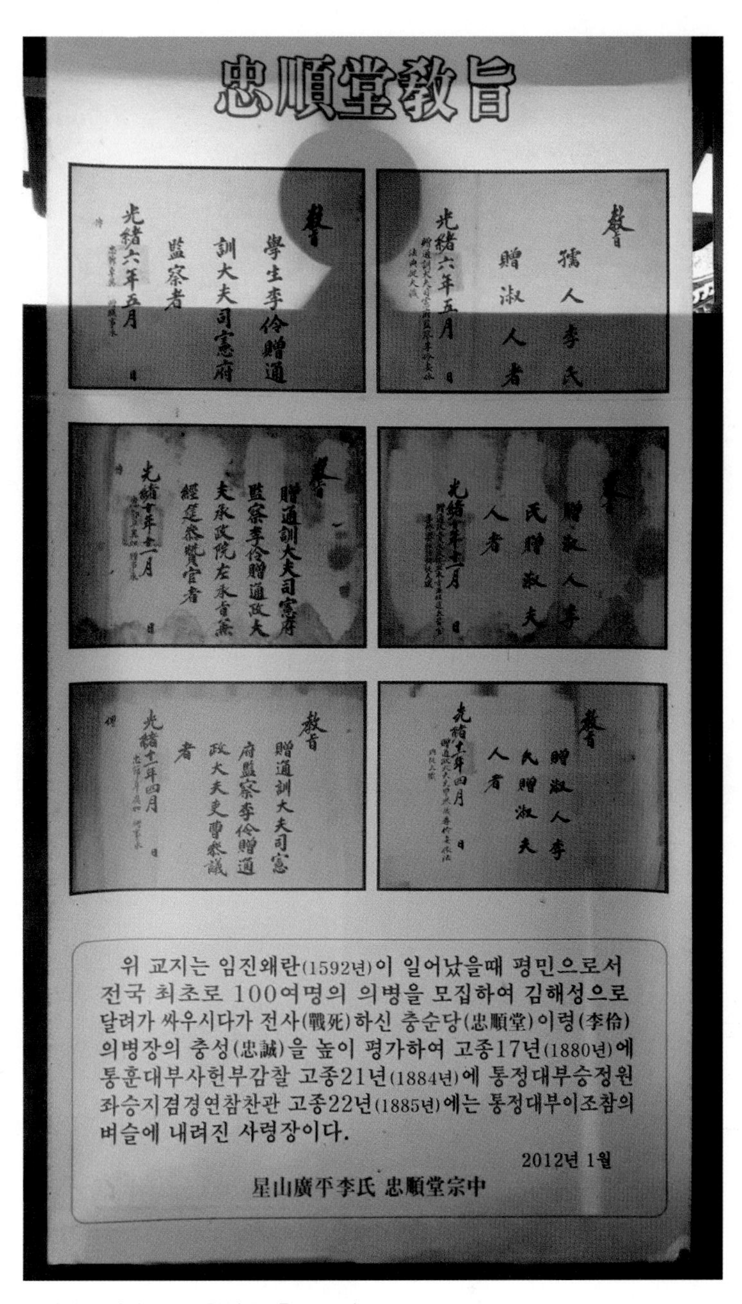


이령의 통정대부 이조참의 등 추증 교지

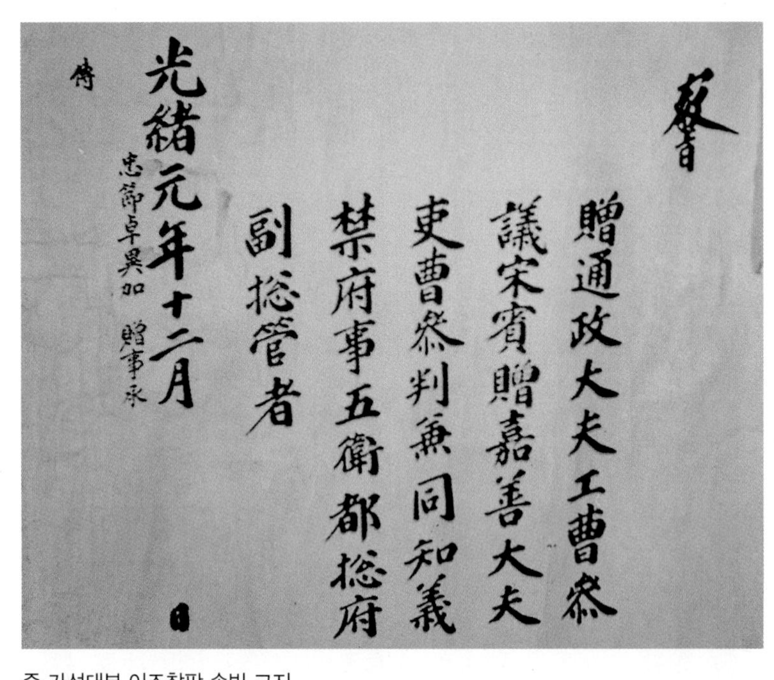

敎旨

贈通政大夫工曹參
議宋賓贈嘉善大夫
吏曹參判兼同知義
禁府事五衛都摠府
副摠管者

光緒元年十二月 日

忠節卓異加 贈事承
傳

증 가선대부 이조참판 송빈 교지

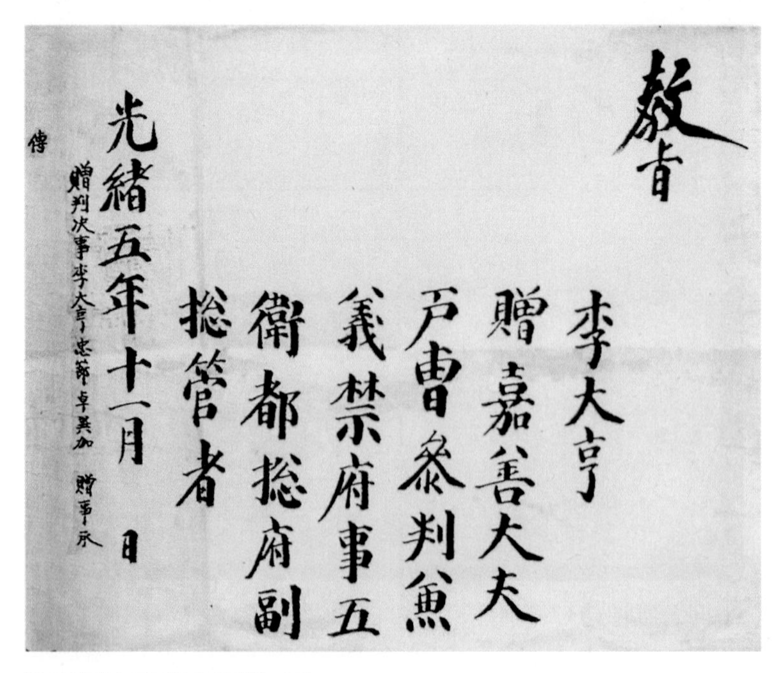

敎旨

李大亨
贈嘉善大夫
戶曹參判兼
義禁府事五
衛都摠府副
摠管者

光緒五年十一月 日

贈判決事李大亨忠節卓異加 贈事承
傳

증 가선대부 호조참판 이대형 교지

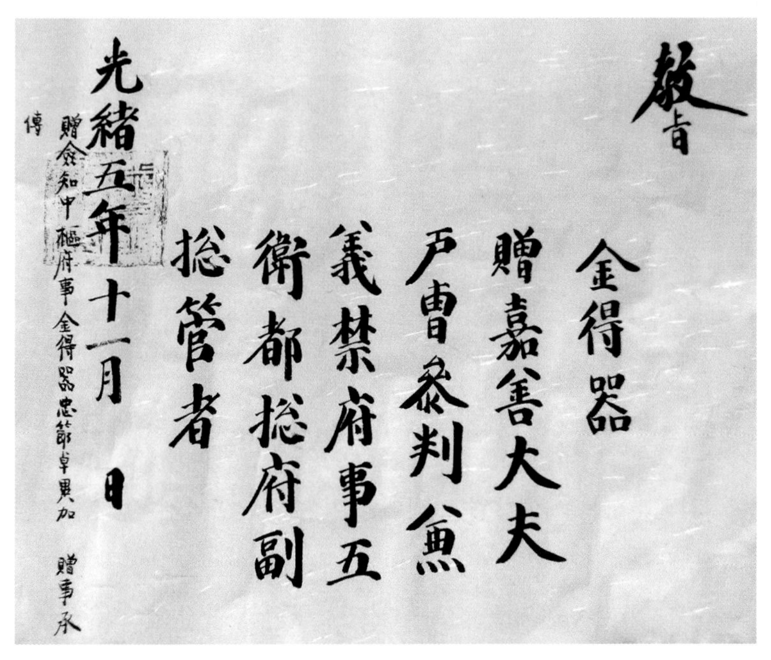
敎旨
金得器
贈嘉善大夫
戶曹參判兼
義禁府事五
衛都摠府副
摠管者
光緖五年十一月 日
贈僉知中樞府事金得器忠節卓異加 贈事承
傳

증 가선대부 호조참판 김득기 교지

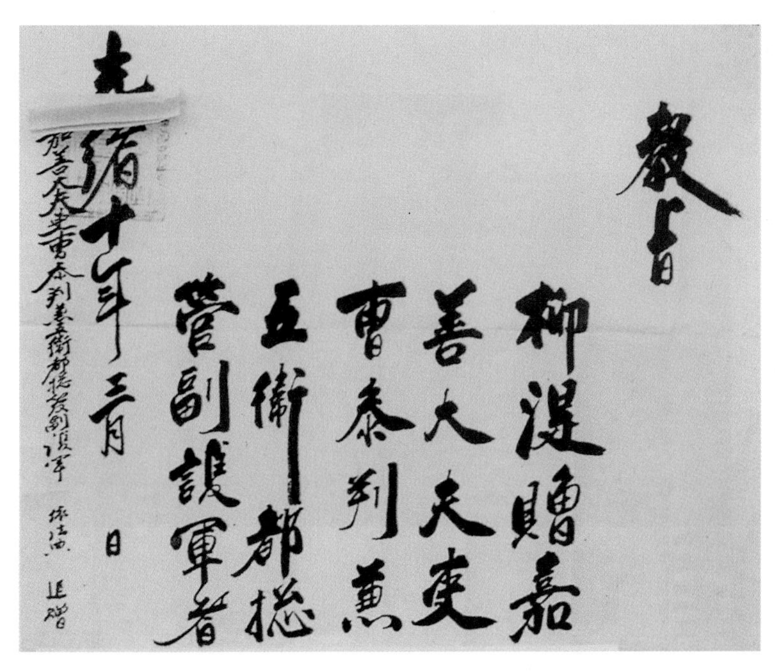
敎旨
柳湜贈嘉
善大夫吏
曹參判兼
五衛都摠
管副護軍者
光緖十年三月 日

증 가선대부 이조참판 류식 교지

# 4 예술적 능력

정현석 김해부사는 서예능력도 뛰어났다. 송공순절암에 각인된 송공순절암 글씨도 직접 썼다.[23] 또한, 그는 김해의 미칭(美稱)을 금릉으로 정하여 불렀다. 중국의 금릉(현재의 난징)이 양쯔강(양자강 또는 장강) 유역에 있는 유서 깊은 도시이듯이 김해도 낙동강이 굽이쳐 흐르는 가락국의 고도(古都)였기 때문일 것이다. 그는 임호산도 중국 금릉의 봉명산에 비유하였다.

송공순절암에 새겨진 정현석 김해부사의 글씨

23 정현석 김해부사가 「송공순절암기」의 내용을 직접 작성하였으므로 송공순절암 음각도 그의 글씨를 토대로 작성되었을 것으로 보는 것이다.

한편, 정현석 김해부사는 금릉팔경을 지정하기도 했다. 금릉팔경은 분산성 달빛[타고청월(打鼓淸月)],[24] 화목동 어선횃불[남포어화(南浦漁火)],[25] 삼차수(서낙동강) 돛단배[삼차풍범(三叉風範)],[26] 죽도(가락동)의 저녁 연기구름[죽도연운(竹島煙雲)],[27] 연자루 전경[연루원조(燕樓遠眺)],[28] 함허정 연꽃[함정노우(涵亭露藕)],[29] 구지봉 저녁 아지랑이[(구지석람(龜旨夕嵐)],[30] 호계천 노을[호계낙조(虎溪落照)][31]이다.

한편, 『김해읍지』 제영 편에 금릉팔경이라는 시가 두 편 나오는데 민긍기(2014)는 이 시를 조선시대 철종 때 김해부사를 역임한 김건수(1790~1854)가 지은 시로 다음과 같이 소개하고 있다.

**타고청월**

멀리 강가에 한 산봉우리가 푸른데

나라 태평하게 만드는 계책은 변방의 봉수를 잘 지키는 것이네.

대울타리 갈대집에 사는 생활은 담박하여

보리타작 마당가에서는 봄 술이 무르익네.

**남포어화**

포국 가의 촌 노인네 두어 개 낚싯대 가지고 고기를 잡는데

종일토록 연기 낀 물웅덩이에서 집에 돌아가는 걸 잊었네.

밤이 오래되어 보름달이 떠오른 줄도 모르고,

등에 불붙여 다시 모래톱 속 갈대를 향해서 가네.

---

24 타고봉에 뜬 맑은 달이라는 뜻이다.

25 남쪽 포구(남포)의 고기잡이 등불이라는 뜻이다.

26 삼차수에 떠 있는 돛단배라는 뜻이다.

27 죽도에 낀 연기와 운무라는 듯이다.

28 연자루에서 멀리 경치를 바라본다는 뜻이다.

29 함허정의 이슬 머금은 연꽃을 말한다.

30 해질 무렵 구지(龜旨)에서 피어오르는 푸르스름한 맑은 기운을 말한다.

31 호계를 물들이는 낙조라는 뜻이다.

**삼차풍범**

김해 동남쪽 삼차수에 돛단배 한 척 떠 바람 받아 가는데

신선이 사는 세상에서는 눈이 보이는 모든 사물이 공하다네.

눈 가득 물안개 낀 수면으로 천지가 희미한데

종일토록 흔들거리며 가도 봉래산에 배 못 대네.

**죽도연운**

공중에 떠 있는 푸른 산은 안개 엉겨 작욱하고,

아래로는 있는 큰 강은 만년 세월을 변함없이 흐르네.

성근 대밭에 맑은 바람이 불어 대껍질이 울리면 피리소리가 상쾌하니

그 가운데 사는 사람들이야 말로 참 신선이지.

**연루원조**

바다와 산의 경치 화려하게 단청한 누각에 가득 차고,

이름난 도읍의 노랫소리와 연주소리 반공에 떠도네.

그곳에 사는 사람들 함께 풍년악을 즐기는데

기후가 농사에 알맞아 순조로우니 장차 근심하지 말지라.

**함정노우**

네모진 반묘짜리 연못에 외따로 정자를 세웠는데 반묘

푸른색이 하얗게 꾸민 방을 덮고 온 뜰을 둘렀네.

아름다운 자태와 그윽한 향기 모두 마음에 드나

한 밤중 비가 조용히 내릴 때가 가장 사랑스럽다네.

**구지석람**

아래 사는 시골사람들이 산이라는 것을 오히려 선조들은 거북이라 했는데

멀리서 보고는 의심하였으나 가까이 보니 기이하게도 정말로 그러하네.

해질 무렵 산에서 피어오른 맑은 이내가 그림 같이 짙은데

어떻게 솜씨 좋은 화공을 얻어 화려한 필치로 옮겨 놓았는가?

**호계낙조**

성가에 맑은 시내 한 줄기 흐르는데

싱그러운 나무 짙은 그늘에 아주 낮게 보이네.

산에 걸친 해가 말게 갠 하늘빛을 낙조로 물들여

나그네는 냇물이 어느 방향으로 흐르는지를 잊어버렸네.

또 다른 금릉팔경 시가 있다.

**타고청월**

성 동쪽에 깎아지른 듯이 서 있는 달빛 속의 봉우리는

화살처럼 날아 만리 밖 정세를 전하는 봉화대일세.

놀랍고도 괴이하게도 아침노을 저녁안개가 일어나는데

한쪽은 허공으로 흩어지고 한쪽은 짙다네.

**남포어화**

대삿갓에 구름 같은 도롱이 걸친 노인네가 그물로 고기를 잡는데

한 무리 갈매기 해오라기는 물안개 낀 웅덩이와 짝을 하네.

맑은 하늘에 날이 저물면 뱃노래도 마치는데

등불에 해진 덮개 씌우니 달이 갈대밭 위로 떠오르네.

**삼차풍범**

가지런히 높다란 돛대는 순풍을 가득 받았는데

장천이 한 가지 빛으로 공중에 비치네.

흔들거리며 멀리 떠나 머무름이 없는데

하늘과 땅 사이에 뜬 집이니 스로로 봉래산일세.

**죽도여운**

대밭 안 인가에서 흰 연기 오르고,

연기 흩어지고 달이 솟아오른데 그 속에서 해 가는 줄 모르네.

도원이 어디에 있는가? 별유천지가 여기이니

아이들에게 쓸데없이 선도를 배우게 하지 말아야 하네.

**연루원조**

싱그러운 나무 그늘 속에 높디높은 연자루

누각 위로 큰 조개가 뿜어낸 푸른 기운이 발 가득히 떠 있네.

바람 쐬며 은하수 노래한 구절을 높은 소리로 읊으니

인간 세상의 오래 묵은 근심들이 말끔히 씻겨나가네.

**함정노우**

마름 연 심은 못 가에 외딴 정자 지었는데

이파리에 맺힌 이슬방울이 떨어져 온 뜰을 적시네.

홀로 아름답게 끝없는 뜻을 가지고 우뚝 서 있는데

황혼 되어 가는 비가 자욱하게 흩어져 떨어지네.

**구지석람**

산이 낙예가 아닌데도 스스로 거북이를 낳으니

문자을 얻은 것은 아니지만 매우 기이하네.

이내 한 족각이 아무리 말끔히 잘 없어진다면

푸른 바다가 뽕나무밭으로 변한다 한들 주기를 옮기기는 어려우리.

**호계낙조**

삼소도에 전하는 옛 호계에서는

옛사람들 석양이 저무는 것은 보지 못하였지.

거친 성 지는 해에 흥망의 한이 서렸는데

두어 곡조 긴 노래가 냇물 건너 서쪽에서 들여오네.[32]

다음의 시는 정현석 김해부사가 지은 연자루이다.

---

32 민긍기, 『역주 김해읍지』 제영, 누리, 2014, 523-528쪽.

**연자루 – 정현석**

| | |
|---|---|
| 江南佳麗說金州 | 강남가려설금주 |
| 裘帶逍遙晩倚樓 | 구대소요만기루 |
| 三月東風回燕子 | 삼월동풍회연자 |
| 二陵芳草沒龜頭 | 이릉방초몰구두 |
| 滿城花氣醺如酒 | 만성화기훈여주 |
| 近海天光凈似秋 | 근해천광정쟁사추 |
| 但願年豐民共樂 | 단원연풍민공락 |
| 四時歌管更何愁 | 사시가관갱하수 |

남쪽의 아름다움은 금주를 말한다.
갑옷에 띠 두르고 거닐다 늦게 누각에 기댄다.
3월 봄바람에 제비 돌아오니
두 능의 꽃다운 풀밭은 구지봉에 잠긴다.

성 안 가득한 꽃향기에 취함이 술에 취한 것 같고
바다 가까운 하늘 빛 맑기가 가을 하늘 같다.
오직 원하니 해마다 풍년 들어 백성과 즐기면
일 년 내 노래한들 그 무엇을 근심하리.[33]

한편, 다음의 시는 정현석이 무제(無題)로 지은 시로 소개되고 있는데 앞의 연자루 시와 비교하여 한자로 된 원문은 같고, 일부 한자의 해석에 약간의 차이가 있을 뿐이다.

**무제(無題)**

정현석

강남의 아름다움은 금주를 말함이니

---

33 김종간, 『가야, 가락, 금관 그리고』, 대건, 2018, 153-154쪽.

가죽옷에 띠 두르고 소요하다 늦게야 누각에 기댄다.
삼월 봄바람에 제비 돌아오고
두 무덤 향기로운 풀은 구지봉 머리에 묻혔구나.
성 가득한 꽃기운에 술 취한 듯 하고
가까운 바다 하늘빛은 가을을 다투네.
오직 원하기는 해마다 풍년들고 백성 모두 즐거웠으면,
늘 노랫가락 피리소리 울리니 또 무엇을 걱정하랴.[34]

다음의 시는 정현석 김해부사가 지은 함허정이다.

**함허정(涵虛亭)**

정현석

| | |
|---|---|
| 金陵樂府一時傳 | 금릉악부일시전 |
| 釰(釼)鼓桃毬摠可憐 | 일(인)고도구총가련 |
| 最是涵虛亭下水 | 최시함허정하수 |
| 戎裝少妓唱離船 | 술장소기창이선 |

금릉의 악부[35]는 일시에 전했고
갖가지 춤[36]도 모두 어여삐 여길 만하다.
가장 빼어난 것은 함허정 아래의 물,
군복을 갖춘 어린(젊은) 기녀가 배 떠나는 노래를 부른다.[37 38 39]

34 박병출 편역, 『시인, 김해를 그리다』, (재) 김해문화재단, 2009, 314-315쪽.
35 한시의 한 형식, 인정 풍속을 읊은 것으로, 글귀에 장단(長短)이 있다.
36 검무(劍舞), 고무(鼓舞), 헌선도(獻仙桃), 포구락(抛毬樂) 등의 춤을 말하는 듯 하다.
37 박병출 편역, 『시인, 김해를 그리다』, (재) 김해문화재단, 2009, 316쪽.
38 『金海鄕校誌 下』, 金海鄕校, 2007, 1184쪽.
39 『金海邑誌』, 김해군향교 내 김해읍지속수회, 1929, 165쪽.

# 5 학문 및 교육장려

고종 7년(1870년)에 정현석 부사는 양사재를 다시 중건하였다. 양사재는 심능필 부사(재임기간: 1800년~1801년 전후)가 정조 24년(1800년) 옛 함허정 터에 처음 건립하여 이곳 선비들이 모여 학문을 배우는 곳으로 삼았다. 양사재는 일제강점기 때인 1924년에 취정재(就正齋)로 개칭하였다. 그 시점에 전(前) 김해부사이자 조선 말 근기실학의 종장이었던 대학자 성재 허전의 영정을 봉안하였다.[40] 또한 정현석 부사는 김해향교도 단청하여 중수하였다.

성재 허전의 영정을 봉안하고 있는 취정재

40 이병태, 『김해지리지』, 김해문화원, 2002, 51쪽, 92쪽.

취정재(就正齋)

취정재(就正齋)는 거유(巨儒)인 성재 허전(性齋 許傳)(1797-1886)선생의 학문과 덕행을 계승하고 금릉영각(金陵影閣)의 석채례(釋菜禮)를 봉행하기 위하여 1926년(丙寅)에 후학들이 합심하여 건립한 재사(齋舍)이다.
성재(性齋)선생은 경기도 포천현 목동에서 출생하여 김해부사(1864-1866)로 재임시 선정을 펴고 향약을 정리하는 등 지대한 공적을 남겼다.
특히 선생은 김해를 비롯한 여러 고을에서 강학을 통하여 많은 제자를 양성하고 영남의 학풍을 크게 일으킨 학자이므로 이 취정재(就正齋)는 우리들이 다같이 수호해야 할 소중한 문화유산이다.

2017년 7월 30일
취정재장

취정재 안내문

김해향교 홍살문 및 풍화루

## 최초의 근대식 학교 원산학사

원산학사

1880년 4월 원산이 개항하여 일본인 거류지가 만들어지고, 일본 상인들이 상업 활동을 시작하자, 덕원·원산의 지방민들은 새로운 세대에게 신지식을 교육하여 인재를 양성함으로써 외국의 도전에 대응하기로 하고, 나름대로 서당을 개량하여 운영하고 있었는데, 1883년 1월에 새로 부임해온 덕원부사 겸 원산감리 정현석(鄭顯奭)에게 설립기금을 모집할 뜻을 밝히고 근대 학교를 설립하여 줄 것을 요청하였다. 정현석은 서북경략사(西北經略使) 어윤중(魚允中)과 원산항 통상 담당의 통리기무아문 주사인 승지 정헌시(鄭憲時)[41]의 지원을 받으면서 관민이 합심하여 1883년에 원산학사를 설립하였다.

---

41 정현석의 아들이다. 김해 분산성의 자연석 돌에도 정현석 부사와 아들 정헌시의 이름이 새겨져 있다.

원산학사의 설립기금은 덕원·원산의 주민들, 원산상회소(元山商會所), 정현석·어윤중·정현시·외국인 등이 참여해서 모았으며, 1883년 8월에 원산학사 설립을 정부에 보고하여 허락을 받았다. 설립 초기에는 학교를 문예반과 무예반(武藝班)으로 편성하였는데, 문예반 정원은 없었으나 약 50명의 학생을 뽑았고, 무예반은 정원 200명을 뽑아서 교육·훈련하여 별군관(別軍官)을 양성하도록 하였다.

다음은 덕원부사 정현석이 원산학사를 운영하면서 배출되는 인재를 선발하도록 장계를 올린 것에 대해 의정부가 아뢰고 고종이 윤허하고 있는 『고종실록』의 기사이다.

**덕원 부사 정현석이 인재를 선발하도록 장계를 올리다**

의정부(議政府)에서 아뢰기를,

"방금 덕원 부사(德源府使) 정현석(鄭顯奭)의 장계(狀啓)를 보니, '본 부는 해안의 요충지에 위치하여 있고 아울러 개항지입니다. 그것을 빈틈없이 잘 운영해나가는 방도는 인재를 선발하여 쓰는 데 달려있으며, 선발하여 쓰는 요령은 그들을 가르치고 기르는 데 달려있습니다. 그래서 원산사(元山社)에 글방을 설치하여, 문사(文士)는 먼저 경의(經義)를 가르치고, 무사(武士)는 먼저 병서(兵書)를 가르친 다음, 아울러 산수(算數), 격치(格致)와 각종 기기(機器), 농잠(農蠶), 광산 채굴 등을 가르치고, 문예는 달마다 의무적으로 시험을 보아 우수한 사람 1명을 뽑고, 매년 가을에 감영(監營)에 보고하여 공도회(公都會)에 붙여서 시험에 응시하게 하고, 무예는 동래부(東萊府)의 규례를 본받아 출신(出身)과 한량(閑良) 200명을 선발하고, 별군관(別軍官)을 처음으로 두어 달마다 의무적으로 시험을 보아 시상(施賞)하였습니다. 본 부에 있는 친기위(親騎衛) 44명은 이중으로 부릴 수 없게 하고, 특별히 각 고을에 이정(移定)하였고 별군관(別軍官)의 삭시(朔試)는 계획(計劃)하여 연말에 우등을 한 2인을 병조(兵曹)에 보고하여 출신에게는 특별히 절충장군(折衝將軍)을 가자(加資)하고, 한량은 특별히 직부전시(直赴殿試)하게 할 것을 묘당(廟堂)으로 하여금 품처(稟處)하게 하소서.'라고 하였습니다. 북쪽 해안은 중요한 지방으로 항

> 구 사무도 또한 복잡합니다. 지금 가장 급한 문제는 오직 인재를 선발하여 쓰는 데 달려있으니, 만일 인재를 선발하여 쓴다면 가르쳐 길러내지 않을 수 없으며, 가르쳐 기르려면 또한 상을 주어 장려하지 않을 수 없습니다. 아울러 친기위에 이속시키는 문제를 장계에서 청한 대로 시행하는 것이 어떻겠습니까?"하니, 윤허하였다.[42]

위와 같이 원산학사는 한국 최초의 근대학교로 알려졌던 배재학당보다 실제로 2년 앞서 설립되었다. 한국 최초의 근대학교이자 근대 최초의 민립학교인 원산학사의 설립은 한국 근대교육사에서 큰 의의가 있는 것이다.

---

42 『고종실록』 고종 20년(1883년) 10월 14일, 국사편찬위원회.

# 6 인재등용 및 산업장려

정현석은 원산학사 내용에서도 검토되었듯이 교육, 농잠(農蠶), 광무(鑛務) 등을 위한 인재의 등용과 그 장려책을 조정에 건의하였다. 정현석 부사는 권농전 일천 냥을 연급, 즉 기부하기도 하였다. 농잠(農蠶) 장려 등 사재를 털어서까지 농업발전을 염원했던 것이다.

# 7 국방강화

정현석 김해부사는 흥선대원군의 명으로 1871년(고종 8년)~1873년(고종 10년) 김해 분산성을 다시 축성했다. 분산성 내의 충의각(忠義閣)에 있는 4개의 비문과 신증동국여지승람에는 분산성의 내력이 적혀 있다. 4기의 비석 중 1기는 고려 말 분산성을 보수하여 쌓은 박위(朴葳)장군의 업적과 내력을 기록한 정국군박공위축성사적비(靖國君朴公葳築城事蹟碑)이다. 이 비석은 김해부사로 부임한 정현석이 고종 8년(1871년)에 다시 분산성을 축성하면서 세운 것이다. 그리고 2기의 비석은 흥선대원군만세불망비(興宣大院君萬世不忘碑)로 김해부사 정현석이 분산성을 축성한 후 이를 허가해준 흥선대원군의 뜻을 기리기 위해 세운 것으로 비석에는 고려 말 김해로 유배 온 정몽주가 쓴 분산성기도 새겨져 있다. 또 다른 비석 1기는 부사통정대부정현석영세불망비(府使通政大夫鄭顯奭永世不忘碑)이다. 이 비석은 분산성을 다시 보수하여 쌓은 정현석 부사의 공을 기리기 위해 고종 10년(1873년)에 건립한 것이다.

분산성은 사적 제66호로 지정되어져 있다. 분산성 내에는 해은사를 비롯하여 복원된 봉수대, 충의각 등 여러 시설들과 많은 바위에 분산성의 다른 이름인 만장대 관련 글들이 한자로 새겨져 있다. 봉수대 근처의 한 바위에는 흥선대원군의 친필 휘호인 '만장대' 및 그의 낙관이 새겨져 있다. 다음은 『고종실록』에 기록되어 있는 분산성 개축과 관련된 내용이다.

**김해, 분산에 성을 쌓고 별장을 두게 하다**

의정부(議政府)에서 아뢰기를,

"방금 경상 감사(慶尙監司) 김세호(金世鎬)의 장계(狀啓)를 보니, 김해부사(金海府使) 정현석(鄭顯奭)의 첩정(牒呈)을 하나하나 들면서 아뢰기를, '김해부의 북쪽 분산(盆山)은 바로 이전에 성을 쌓았던 곳입니다. 요새지의 길목인데 매번 허술한 것이 걱정이어서 작년 겨울부터 공사를 시작하여 이제 완공되었으며, 관청 창고와 망루(望樓), 군량 지출비용을 이미 다 갖추어 놓았습니다. 별장(別將) 빈자리 하나는 동래부(東萊府)의 금정별장(金井別將) 규례대로 해부(該府)의 수교(首校)로 의망(擬望)하여 보고하도록 하여 하비(下批)하고 군기(軍器)는 해부에 있는 것을 편리한 대로 옮기도록 하소서. 해도(該道)의 부사(府使)와 감동인(監董人)이 성의를 다하고 수고를 한 것에 대해서는 성의를 보여주는 거조가 있어야 합당할 것입니다. 모두 묘당(廟堂)으로 하여금 품처(稟處)하게 해 주소서.'라고 하였습니다.

지역은 연해(沿海)의 요충지(要衝地)이고 산 또한 해부의 요새입니다. 그리고 성과 해자, 망루, 군량의 지방(支放)이 지금 정연하게 다 갖추어졌으니 수성(守成)하는데 있어 특별히 별장 한자리를 내는 것은 군사에 관한 일에서 그만둘 수 없습니다. 의망하여 보고하고 임기를 정하는 제반 절제(節制)는 모두 장계에서 요청대로 시행하소서. 논상(論賞)한 일에 있어서는 곧 바로 묘당에서 품처하도록 청한 것은 규례에 어긋나니 해도의 도신(道臣)을 추고(推考)하고 해조(該曹)로 하여금 품처하게 하는 것이 어떻겠습니까?" 하니, 윤허하였다.[43]

위의 내용에서 알 수 있는 것은 정현석 김해부사의 분산성 개축과 분산성 내에 관청 창고와 망루, 군량 지출비용[44]을 이미 다 갖추어 놓았다는 것과 별장(別將)을 두어 수성(守成)하게 하자는 내용이다. 별장(別將)은 종9품 외직 무관이니 낮은 품계이기는 하지만 일정한 수의 관군 또는 해은사의 승군(승병)과 함께

43 『고종실록』 고종 8년(1871년) 5월 30일, 국사편찬위원회.

44 이병태(2001)의 국역 『김해읍지』 환적(宦績) 및 이병태(2002)의 『김해인물지』 역대지방관록에서 정현석 부사가 향미(餉米) 삼백석(三百石)을 자비(自備)해 놓았다고 기록되어 있다. 그러나 고종 36년(1899년)에 편찬된 『경상남도김해군읍지』와 민긍기(2014)의 『역주 김해읍지』에는 향미 삼백석이 아니라 이백석(二百石)으로 기록되어 있다.

1872년경 제작된 경상도지도 분산성지도 ⓒ규장각 한국학연구원

분산성 내에 주둔했을 것이다. 1872년경 제작된 분산성지도에는 분산성의 구조 및 내부 시설까지 상세하게 표시되어 있다.

한편, 정현석 김해부사는 분산성을 개축하면서 동시에 분산성 내에 분산진(盆山鎭)을 다시 설치하였다. 다음은 『영남진지』「분산진지」에 기록되어 있는 분산진에 관련된 내용이다.

> 분산진은 부사 정현석이 신미년(1871)에 다시 설치하였다. 산성의 둘레는 1,021보인데 체성(軆城) 안의 높이 5장(丈), 여장(女墻) 일장(一 丈), 우물 4곳, 못이 3군데, 수성(守城)하는 아사(衙舍) 11칸, 중문(中門) 2곳, 교리청(校吏廳) 4칸, 화약고 1칸, 북성문, 동성문, 서성문, 남암문(南暗門) 각 1칸, 해은사 5칸, 사문직방(四門直房: 4 문지기 방) 2칸. 고지기방(庫直房) 3칸, 양산직방(兩山直房: 두 산지기 방) 각 2칸, 수첩방(守堞房) 여섯 곳 각 2칸. 염교(鹽窖: 소금을 두는 움집) 1곳에 장염(藏鹽) 250말(斗), 탄교(炭窖) 1곳에 매탄(埋炭) 20섬(石), 성 밖 4면 각 3리에는 금양(禁養)하는 경계를 정하였다. 이상은 현재 있는 것이다. 하였고, 창고 12칸, 군기고 2칸, 노령청(奴令廳) 4칸, 마구간 1칸, 장대 2칸 승장소(僧將所) 5칸, 사문(寺門: 절문) 1칸, 이상은 퇴이(頹圯: 무너졌다) 하였다. 별장(別將)은 본부(本府)의 수장교(首將校) 중 오래 근무한 자를 망보(望報: 후보자를 추천)하여 차출한다.[45]

「분산진지」 진속(鎭屬)조에는 다음과 같이 군사편제가 되어 있다.

> 백총(百摠) 1명, 병교(兵校) 겸 군기감관(軍器監官) 1명, 진무(鎭撫) 겸 봉환색(捧還色) 1명, 공방색(工房色) 1명, 통인(通引) 1명, 흡창(吸唱) 1명, 방자(房子) 1명, 고자(庫子) 겸 일산배(日傘陪) 1명, 군뢰(軍牢) 6명, 산직(山直) 2명, 사문직(四門直) 급수군(汲水軍) 1명, 식비(食婢) 1명, 승장(僧將) 1명, 사환승(使喚僧) 1명, 육환승(唷喚僧) 1명, 불존승(佛尊僧) 1명, 부목승(負木僧) 1명, 속사승군(屬寺僧軍: 사찰에 속해 있는 승군) 30명, 수첩군관(守堞軍官) 100명.[46]

---

45 『嶺南鎭誌』, 「盆山鎭誌」, 서울대 규장각한국학연구원.

46 위의 책.

위의 내용에서 알 수 있는 것은 분산진의 별장(別將)은 종삼품인 백총(百摠)이었고, 따로 승병(僧兵)을 통솔하는 승병장(僧兵將)이 있었다는 것이다.

이와 관련하여 다음의 『승정원일기』 고종 8년(1871년) 6월 1일 기사는 분산진 설치에 공이 있는 사람을 시상(施賞)하는 내용이다.

> 병조 계목에,
> "의정부의 초기를 인하여, 김해부(金海府) 분산성(盆散城)의 관사를 수선할 때의 해당 부사(府使) 및 감동(監董) 등에 대해 논상하는 한 가지 일을 해조로 하여금 품처하도록 할 일을 윤허하셨습니다. 해당 부사가 성심 성의를 다하여 훌륭하게 완성해 낸 것은 매우 가상합니다. 그러나 이는 수령의 직분으로 할 일이었으니 그냥 두도록 하소서. 별감동(別監董)인 사맹(司猛) 정창묵(鄭昌默)과 현제중(玄濟仲)은 6품직에 조용(調用)하고, 감동(監董)인 본진 중군 한계우(韓啓宇)와 출신 김영년(金永年) 등 및 감역(監役)인 군관 고상우(高翔宇) 등은 상가(賞加)하는 것이 일에 마땅할 듯합니다. 그러나 멋대로 결정할 수 없으니 상께서 재결하시는 것이 어떻겠습니까?"
> 하였는데, 판부하기를,
> "그대로 윤허한다. 해당 부사에 있어 비록 직분으로 할 일이었다고 하였으나 성의를 다하여 완성하려 도모하였으니, 매우 가상하다. 내하 녹비(鹿皮) 1령을 사급하도록 하라."
> 하였다.[47]

또한, 정현석 김해부사는 각 공해(公廨)에 별포(別砲)를 창설하기도 하였다. 이와 관련하여 민긍기(2014)는 "부성(府城)과 각 공해(公廨)에 처음 따로 포(砲)를 설치하였고"[48] 라고 하였는데 이 내용은 『김해읍지』 환적 정현석에서 '각공해창설별포(各公廨刱設別砲)'를 글자 그대로 해석한 것으로 사료된다. 참고로 별포군(別砲軍)

47 『승정원일기』 고종 8년(1871년) 6월 1일 기사, 한국고전번역원.

48 『한국향토문화전자대전』, 한국학중앙연구원.

은 조선 후기부터 논의되다가 주로 흥선대원군 집권기에 설치된 포·조총 부대를 말한다.[49]

분산성 내의 분산진 관아(진아) 및 창고(군기고 등) 터

신어산에서 바라본 분산성

49 민긍기, 『역주 김해읍지』 환적(宦蹟), 누리, 2014, 346쪽.

분산성 봉수대에서 바라본 신어산

죽도왜성에서 바라본 분산(분산성)과 신어산

분산성 봉수대에서 바라본 서낙동강

복원된 분산성 서쪽 성벽

복원된 분산성 동쪽 성벽

충의각 안내문

분산성 내의 충의각

1999년 복원된 분산성 봉수대

봉수대 근처 바위에 새겨진 흥선대원군의 친필 휘호 '萬丈臺(만장대)' 및 낙관

# 8 이임 및 잉임

정현석은 김해부사 재임 후 1873년 12월 27일 돈녕부 도정(정3품)으로 이임되어 중앙조정으로 진출했다. 돈녕부 도정은 왕실의 외척을 관리하기 위한 직책이다. 또한 그는 순영장청(巡營狀請), 즉 순영(감영)에서 장계를 올려 김해부사 재임 중 잉임(연임)되기도 하였다. 김해 백성들의 요구도 있었을 것이고 순영에서도 조정에 장계를 올려 그를 잉임하게 한 것이다.

# 9 김해사람들과의 교류

김해부사 재임시절 선정을 베푼 정현석은 그의 학문 및 예술적 능력, 학문 및 교육장려 부분에서도 알 수 있듯이 김해 문인들과의 교류도 활발했을 것이다. 이와 관련하여 김해의 문인이었던 희인재 김규현이 정현석에게 주었던 두 편의 시가 『역주 희인재유고』에 수록되어 있어 소개하고자 한다.

금릉(金陵: 김해)의 열 가지 경치에 대한 시를 지어 고을원 정공(정공: 현석)에게 준다.

**「두 왕릉의 봄 나무」**

옛 나라 번화했건만 봄이 와도 가련하나니,
두 왕릉 가야에는 늙은 소나무 쇠약한 버들이라.
구슬프게 창오산[50]의 빛 띠었고,
한 가닥 구지봉에는 저녁 안개 끼었네.

**「삼차루(三叉樓) 가을 달」**

물이 세 갈래 강에 가득하여 맑으니 가을 같고,
안개와 구름 얇아 긴 모래톱에서 걷히네.

50 창오산(蒼梧山): 중국 남쪽 호남성에 있는 산 이름. 옛날 순 임금이 남쪽을 순수하다가 이곳에 이르러 갑자기 서거하였다. 창오산(倉梧山)으로 표기하기도 한다.

유리처럼 맑은 넓은 강물에 금빛이 뛰는 듯,
남쪽 고을 제일가는 누각이 돋보이누나.

**「연자루의 노래와 악기 소리」**

향기로운 풀 돋은 봄 성(城)의 연자루에서,
피리 불다 노래하기를 반복하니 낮이 길구나.
가야시대 왕들의 태평하던 즐거움을,
다시 좋은 시대의 고을원 되어 노는구나.

**「봉대(鳳臺)[51]의 시와 술동이」**

김해부사 박원(璞園: 정현석의 호)이 오시니,
시문 짓는 풍류가 봉대에서 펼쳐지네.
시인이 되려면 이태백처럼 되어야 하리니,
앵무새 모양 잔의 술에 취하여 돌아가 시 지으리.

**「호계에 흘러가는 맑은 물」**

김해성 북쪽의 한 줄기 맑은 시내는,
돌 희고 모래 환하여 흙탕 보이지 않네.
수양버들이 흐르는 물 끼고 봄날 따뜻한데,
시내 동서쪽에서 어지러이 빨래 방망이질하는 아낙네들.

**「분산의 높은 성」**

도호부 문 앞의 만 길 산에,
구름과 이어진 회 칠한 성 쇠 옹기 같이 둘렀네.
지휘하는 단(壇)의 북과 피리 소리가 북두성 견우성 흔드는데,
가까운 거리의 남쪽 오랑캐를 압도하는구나.

**「남포의 갈대 꽃」**

옛 나라 풍경이 늦가을이 되니,

---

51 봉황대를 말한다.

눈 같은 갈대 꽃 물 가운데 섬에 가득하네.
흥망에 관한 일은 원래부터 알지 못 했는데,
그 가운데 달빛 아래 늙은 어부의 배 한 척 있네.

**「서림사[52]의 종소리」**

절간에서 종을 울려 중생들 깨우쳐,
길이 불교세계로 하여금 숙연히 맑게 하네.
다행히 여운이 티끌세상 싫어하지 않아,
밤마다 바람 따라 고을의 성에 이르누나.

**「죽도(竹島)의 바람 받은 돛단배」**

삼차강(三叉江) 나루의 죽호(竹湖)로 흐르는 물,
수없이 많은 장사배들 출입하는 목이로다.
돛단배는 긴 바람 따라 화살처럼 가는데,
높고 낮은 먼 산들은 강어귀를 따라 있네.

**「명호(明湖)[53]의 구름 물결」**

동남쪽으로 땅 끝난 곳에 큰 바다 평평한데,
떴다 가라앉았다 하는 섬들 부평초처럼 가볍네.
하늘에 이어진 물빛에 구름은 흰 듯한데,
때때로 바람과 우레가 저절로 울리누나.[54]

김해부사 박원 정공(鄭公: 현석)의 회갑시의 운자(韻字)[55]에 따라서

**「짧은 서문도 아울러서」**

우리 원님은 문의공의 종손으로서 훌륭한 재주를 가졌다. 여러 번 과거에 응시했지만 합격하지 못했으나. 조상의 음덕으로 벼슬하여 여러 고을을 맡아

52 현재의 은하사를 말한다.
53 현재의 명지(명지도)를 말한다.
54 김규현 지음, 허권수 역주, 『역주 희인재유고』, 화인, 2020, 47-51쪽.
55 운자(韻字): 한시(漢詩)를 지을 때 정해진 운각(韻脚)의 자리에 쓰도록 규정된 글자를 말한다.

다스렸는데, 치적이 우수하고 특이했다.

김해에 부임한 지 3년이 되었는데, 행정을 하는 것이 청렴하면서 공평하여, 백성들은 그리워하고 아전들은 꺼렸다. 아울러 선비를 사랑하는 정신이 있었다.

올 해 경진(庚津: 1880)년 음력 7월 21일이 곧 회갑이었다. 아드님이 진사에 올랐는데, 합격자의 방(榜)을 8월 초하룻날 발표한다고 한다. 그래서 휴가를 받아서 장차 고향으로 돌아가려고 한다.

삼가 절구 2수를 지어서 바친다.

영광스럽게 봉양하는 것은 원래 신체를 온전히 간직하는 것인데,
태평한 시대에 나서 연만하여 예순의 나이 되셨네.
이미 노쇠했으나 아직 부모님께서 고생하셨다는 느낌 간절한데,
효성을 옮겨 충성을 하니 응당 허물 없으리라.
인간세상에서 어떻게 장생불사 할 수 있겠는가?
어진 사람 오래 산다니 신선이 될 수 있다네.
역임한 고을마다 백성들이 그 덕(德)을 칭송하니,
백세(百世)토록 이름 남겨 길이 길이 끝 없으리.[56]

56 김규현 지음, 허권수 역주, 앞의 책, 2020, 68-69쪽.

**정현석 김해부사의 재임 중 업적**

| 재임기간 | 분류 | 주요 업적 | 참고문헌 |
|---|---|---|---|
| 1870년<br>(고종7년)<br>6월 8일<br>~<br>1873년<br>(고종10년)<br>12월 27일 | 관청 건물 중수<br>및 문화재 보호 | 봉황대 구축 및 명명(命名) | 『김해읍지』<br>『김해인물지』 |
| | | 흥부암 중창 | |
| | | 사충단 건립 | |
| | | 연자루 중수 | |
| | | 함허정 중수 | |
| | | 김수로왕릉 가락루 중수 | |
| | | 파사석탑 이전 | |
| | | 허왕후릉 수리 및 정비 | |
| | | 현충사 재건 | |
| | | 동헌(아사), 객사 중수 | |
| 1870년<br>(고종 7년)<br>6월 8일<br>~<br>1873년<br>(고종 10년)<br>12월 27일 | 학문적 능력 | 『교방가요』를 진주목사 시절부터 쓰기 시작하여<br>김해부사 재임 중 완성 | |
| | | 「송공순절암기」 기록 | 『松潭書院誌』 |
| | | 「사충단비각기」 기록 | 『松潭書院誌』 |
| | | 「금관충렬단절목」 제정 | 『松潭書院誌』 |
| | 예술적 능력 | 송공순절암(宋公殉節巖) 글씨<br>김해를 중국 금릉(현재의 난징)에, 임호산을<br>중국 금릉의 봉명산에 비유, 금릉팔경 지정 | |
| | 학문 및<br>교육장려 | 양사재 중건, 향교 중수 | 『김해지리지』<br>『김해읍지』<br>『김해인물지』 |
| | | 원산학사 설립(덕원부사 겸 원산감리 재임 중 1883년)<br>및 원산학사에서 배출된 인재등용을 건의 | |
| | 인재등용 및<br>산업 장려 | 농잠(農蠶), 광무(鑛務) 등을 위한 인재의 등용과<br>장려책 건의, 권농전 일천 냥 연급(기부) | 『김해읍지』<br>『김해인물지』 |
| | 국방강화 | 분산성 개축 및 분산성 내에<br>향미(餉米) 삼백석(三百石)을 자비(自備)<br>분산진 재설치, 별포(別砲0 창설 | 『김해읍지』<br>『김해인물지』 |

# 10 마지막 관직생활과 사망

이상과 같이 김해부사 등으로 재임하면서 수많은 업적을 남긴 정현석 부사였으나 그의 마지막 관직 생활은 좋지 않게 끝났다. 1894년 황해도 관찰사(감사)로 일하고 있을 당시는 동학농민운동의 봉기 등 조선 전체가 어지러운 상황이었다. 황해도 또한 예외가 아니어서 해주감영이 동학도에게 습격당하는 일도 있었다. 정현석 감사는 그 책임으로 파직된 것이다. 다음은 정현석의 파직과 관련된『고종실록』의 내용이다.

**의정부에서 황해감영에 비적이 일어난 것과 관련하여 지방관을 파면하라고 아뢰다**

의정부(議政府)에서 아뢰기를,

"황해 감영(黃海監營)에서 비적(匪賊)들의 소란[57]이 일어났다는 소문은 갈수록 더욱 헤아릴 수 없습니다. 지방관이 진실로 백성들을 회유하고 통제하는 두 가지 일을 다 제대로 하였다면 어찌 이러한 전에 없던 변고가 생겼겠습니까? 변란이 생긴 지 여러 날이 지났는데도 여전히 치계(馳啓)하지 않았으니, 또한 지극히 해괴하고 개탄할 일입니다. 황해감사(黃海監司) 정현석(鄭顯奭)에게는 우선 견

57 성무경(2002)은 이와 관련하여 동학도가 해주감영을 습격하였는데 '동학도의 공격은 실패로 끝났지만, 이 때 해영(해주감영)을 공격한 동학도의 주력은 김창수 부대였고, 이 사람은 곧 어린 시절의 백범 김구이다.'로 기록하고 있다.

파(譴罷)하는 법을 시행하고 그 대신에 관서 선유사(關西宣諭使) 조희일(趙熙一)을 차하하며, 해주 판관(海州判官) 이동화(李同和)는 파출(罷黜)하고 그 대신에 연안 부사(延安府使) 이계하(李啓夏)를 이차(移次)하되, 모두 편리한 길을 따라 수일 내로 즉시 부임하게 하며, 비적들의 소란이 일어난 전말을 새 도신(道臣)으로 하여금 철저히 조사하여 등문(登聞)하도록 행회(行會)하는 것이 어떻겠습니까?" 하니, 윤허하였다.[58]

한편, 정현석은 동학도의 해주감영 습격과 관련하여 「갑오해영비요전말(甲午海營匪擾顚末)」이라는 일기 형식의 기록을 남기기도 하였다. 다음은 그 관련 내용이다.

### 「갑오해영비요전말(甲午海營匪擾顚末)」

이 자료는 정현석(鄭顯奭)이 1894년 9월 황해감사로 부임한 이후 황해도지역 농민군의 활동상을 일기형식으로 기록한 것이다.

주요 내용으로, 농민군이 감영을 함락시키고 감영군과 대치한 상황, 일본군의 개입, 2차 감영공격과 실패, 동학농민군 진압활동 등을 기록하고 있다. 뒷부분에는 농민군이 정부에 보낸 장초(狀草)와 관찰부에 보낸 품장(稟狀) 등을 수록하고 있다.

본 자료는 황해도동학당정토약기(黃海道東學黨征討略記)와 함께 황해도 동학농민혁명을 이해하는데 중요한 자료이다. 원본은 횡성에 사는 후손 정운철(鄭雲澈)이 소장하고 있다고 하는데 현재 소장여부는 확인할 수가 없다.

**갑오해영비요전말**

1894년 5월

1894년 5월 [甲午五月]

---

58 『고종실록』 고종 31년(1894년) 11월 4일, 국사편찬위원회.

가족을 데리고 동쪽으로 내려와 횡성읍(橫城邑)에 머물렀다. 6월 21일의 변란을 추후에 들으니 놀랍고 두렵다.

주석

6월 21일의 변란 일본군이 서울에 들어와 경복궁을 점령하고 고종을 압박한 사건을 말한다.

**갑오해영비요전말**

1894년 7월 초

1894년 7월 초1일 [甲午七月初一日]

듣자하니 해백(海伯), 황해도 관찰사로 특별히 임명한다고 한다.

초 5일 [初五日]

성(城), 한양에 들어가서 체직하고자 도모했으나 얻지 못했고 연이어 묘당(廟堂), 의정부에서 공문으로 재촉하였다.

14일 [十四日]

사조(辭朝)하였다.

20일에 황해도 감영에 도착하여 교구(交龜)를 하였다.

주석

사조(辭朝) 관직에 새로 임명된 사람이 부임하기에 앞서 임금에게 하직 인사를 드리는 일을 말한다.

교구(交龜) 감사(監司)·병사(兵使)·수사(水使)가 바뀔 때 병부(兵符)나 인신(印信)을 넘겨주고 받던 일을 말한다.

**갑오해영비요전말**

1894년 8월

1894년 8월 11일 [甲午八月十一日]

상소를 봉서(封書)하여 아뢰었다.

20일 [二十日]

사직하지 말라는 임금의 비답을 받았다.

주석

봉서(封書) 편지를 봉(封)하여 국왕에게 올리는 것을 말한다.

**갑오해영비요전말**

1894년 9월

1894년 9월 [甲午九月]

해서(海西), 황해도의 여러 군에서 동학의 무리가 점차 늘어나고, □□□□ 기운이 서로 통하였다. 산골짜기에 숨어있는 자가 많아 왕왕 위협하고 약탈하는데, 관아에서는 병사 1명도 준비하지 않았으니 이는 매우 소홀히 한 것이다.

이어서 여러 고을에 명령을 내리고 법을 만들어 모두 잡아들이도록 하였다. 또 한편으로, 의정부와 탁지부에 먼저 대포를 설치하기 위해 양식을 마련할 뜻을 논보하였고 재차 보고하고 또 한 차례 글로써 간곡하게 보고했으나 도무지 허가와 회답이 없었다.

**갑오해영비요전말**

1894년 10월

1894년 10월 초6일 [甲午十月初六日]

동학의 무리 수만 명이 해주의 서쪽 취야시(翠野市)에 모였다고 하니 호막(戶幕) 이명선(李鳴善)과 수교영리(首校營吏)를 보내어서 그 까닭을 물었다. 그 무리들이 민폐가 되는 몇 가지 사항을 글로 써서 단자(單子)를 올렸는데, 그 중에 "동학의 무리를 금지하는 명령을 완화시키고 묻지 말아 달라"고 요청하는 말이 있었다. 민폐(民弊)와 읍막(邑瘼)은 지금 통렬하게 개혁하겠으나 동학에 대해서는, "조정에서 명령으로 이미 금지하여서 엄히 금하지 않을 수 없으니 물러나 흩어져 생업에 종사하라"고 지시를 내렸다. 이에 각자 말없이 물러나 흩어졌다. 그런데 □□□□에 이르러 흩어진 자들이 다시 모여서 먼저 강령현(康翎縣)으로 들어가 수령을 모욕하고 무기를 탈취한 뒤 해주감영에 들어왔다.

일이 매우 급박한 가운데 영속(營屬)중에 내통한 자들이 모두 일시에 들어와 공당(公堂)을 부수고 마구 총을 쏘아 무기를 빼앗고 각종 문서를 태웠다. 중군(中

軍)·판관(判官)·막비(幕裨) 등이 모두 묶여 구타를 당했고, 순찰사(巡察使) 역시 잡혀서 하당(下堂)으로 끌려왔는데 머리와 팔뚝 그리고 다리에 상처를 입어 해괴망측 했다. 또한, 심하게 약탈을 당해 고을의 창고와 백성들의 재산이 한꺼번에 텅비어버렸다. 순사(巡使), 감사가 영노(營奴)의 보호를 받아 영노청(營奴廳)을 빠져나왔는데 책과 환구(宦具), 의복과 수구(壽具) 등이 다 없어졌고 다만 보존한 것은 도장과 허리띠와 금궤뿐이었다.

동학무리들이 사방에서 지켜 물샐 틈이 없었다. 보고해야 할 일이 매우 급하지만 형세상 어찌할 수가 없어 틈을 타 몇 줄의 편지를 시중드는 사람을 시켜 보내니 본가에 전하여 열어볼 수 있도록 하였다. 또한 심부름하는 아이가 돌아올 때에 절대 성안으로 들어오지 말고 곧바로 금천병참(金川兵站)으로 가서 《편지가》 빨리 도달할 수 있도록 청하게 하였다.

초5일 [初五日]

1명의 영리가 □□□□□을 가지고 왔는데 거기에 이르기를, "들으니 갑자기 변란이 일어났다는 말을 듣고 밤을 무릅쓰고 황급하게 초 4일에 연안(延安)에 도착하였다. 해주영에서 묶어 보낸 편지를 보고 금천으로 향하여 사람을 모아 한문과 한글로 써진 방을 성안의 길가에 몰래 붙였다. 또 격서를 도내(道內)의 여러 고을에 전했다"라고 하였다.

방시문 [榜示文]

해주성 안에 적비(賊匪)들에게 유시하노라! 아아, 어찌 차마 이에 비견할 수 있겠는가. 너희 역시 이성(彛性)의 법칙을 거칠게나마 가지고 있으면서 분수를 넘어 기강을 어기고 윤상(倫常)이 어지럽혀진 것이 이렇게 심하겠는가. 우리나라가 숭상하는 학문은 곧 요순(堯舜)·문무(文武)·주공(周公)·공맹(孔孟)의 도이다. 500년 조종이 숭정벽이(崇正闢異)하여 교화하기를 깊은 인(仁)과 후덕한 은택(恩澤)이 또한 물들어 습속이 되었다. 이른바 동학의 학문이라는 것과 도(道)라는 것은 곧 괴이하고 허튼 소리이며 미쳐서 미혹하는 소리이니 윤리도 없고 조리도 없으므로 이미 우리의 도가 아니다.

오호라 어찌 차마 너희들을 이에 비견할 수 있겠는가. 성상께서 위에 계시고 대신과 많은 벼슬아치들이 모두 그 직분을 수행함에 분발하고 힘을 쓰며 대개 나라를 바로 세우고 백성을 이롭게 하는 좋은 방법을 강구하여 개혁하기를 모조리 쓰지 않는 방법이 없었다. 아! 양호(兩湖)의 비류(匪類)들이 위세를 떨쳐 모질게 구니 임금께서 성을 내시고 온 조정이 근심하여 분하게 여기니 이에 원수(元帥)에게 관아를 설치하고 장수에게 정벌토록 명령하였다.

양호의 부근에 장수가 도착하여 모두 파죽지세로 적을 와해시키니 혹 배도(背道)하거나 귀화하여 군사를 풀고 애걸하면서 길옆에 엎드려 있는 자들을 용서해 주었다. 포로를 잡아 바친 우두머리에게는 관직을 주고 포상하였고 모여 복종하지 않는 자는 총칼로 죽여 들판에 시체가 쌓였다. 또한 충의지사를 곳곳에서 불러 모아 승전보가 눈처럼 흩날리고 적(賊)의 형세는 날로 무너졌다.

보은(報恩)의 최시형(崔時亨)은 형벌이 두려워 도망가 숨었고 남은 무리 10만은 짐승처럼 흩어지고 귀순할 따름이라는 등의 말을 너희들은 어찌 듣지 못하였는가. 오호라 너희 무리를 이에 비유하겠는가.

본도(本道), 황해도의 관찰사(觀察使)는 곧 나의 부친이다. 나이가 80에 가깝고 힘이 아직 강하여 조정에서 늙었다고 물리치지 않아 중한 임무를 맡아 험난함을 가리지 않고 오직 임금의 은혜에 보답하려고 했다. 백발로 한결같은 마음으로 백성을 편안히 하는 데에만 마음을 두어 감영에 일을 본 지 10년 이래로 가렴조(加斂條) 일체를 감해준 것이 75,000금(金)이었고 여러 읍에서 더 거둔 세금을 바로 철저하게 조사하고 아울러 깨끗하게 혁파하려고 했는데 너희들이 어찌 알지 못하는가.

지금 총을 쏘고 돌입하여 무기를 실어가고 선화당(宣化堂)을 부숴 문서를 태우고 판관과 중군과 막비를 끌고 다니며 못하는 짓이 없고, 순상(巡相)을 끌어내어 칼과 몽둥이를 교대로 가하여 중상을 입어 피가 흐르고 곤욕과 협박이 끝이 없었다. 순상(巡相)이 어찌 너희들을 저버려서 거리낌 없이 국조(國朝)이래 없었던 괴이한 난동을 부릴 수 있는가.

오호라! 너희 무리들은 어찌 차마 이렇게 할 수 있단 말인가. 내가 부모님의 곁을 떠난지 30삭(朔)이나 되었다. 어렴풋이 해주의 변을 듣고 황급히 올라오느라 넘어지는 줄도 모르고 밤새 도착하여 이같이 망측한 변괴에 대해 듣기 시작하니 너무 놀라 차라리 살고 싶지 않았다. 또한 듣자하니, “너희들이 우리를 개화당으로 여겨 죽이려고 생각한다”라고 하니 아! 이 또한 괴이하구나. 나는 떠들썩하게 쟁론할 수는 없지만 비록 이번에 성에 들어가더라도 생각컨대 우리 부친의 얼굴을 보지 못하고 너희들 손에 죽어 불충불효의 혼이 될 것 같다.

오호라! 너희 무리가 어찌 차마 이렇게 할 수 있단 말인가. 내가 조정에 보고하려 돌아갈 때에 조정에서는 황해도가 적의 손에 들어간 것을 반드시 부당하게 여겨, 하루도 되지 않아 경군(京軍)을 모아서 크게 진멸할 것이니 경군이 올 때에 너희들이 과연 흩어지라는 명령에 대항하고 저항할 수 있겠는가. 당초에는 동시에 일어나는 것을 염두에 두고 백성들을 협박하여 무리에 들어오게 하였는데 이는 산사람이 죽음의 길을 찾게 한 것이다.

지금 만약 행동을 고치고 선(善)을 따라 병사들을 풀어주고 농사짓게 돌려보내준다면 이는 죽은 사람이 살길을 찾게 해주는 것이다. 내가 지금 너희에게 살길 한 가지를 가리키니, 곧 순상(巡相),에게 사죄하고 우두머리 몇 명을 잡아 바치고 나서 각자 흩어져 양민이 되고 위협에 못 이겨 무리에 끼었다면 마땅히 한결같이 사면될 것인데 만약 한결같이 잘못된 것을 따라 미혹된 것을 알지 못하고 용과 뱀같이 위험한 무리가 된다면 필경 옥과 돌을 같이 불사르는 꼴이 되어 살려고 해도 살지 못할 것이니 후회해도 소용이 없을 것이다.

오호라! 너희들이 어찌 차마 이렇게 하겠는가. 살아서는 무리의 도둑이 되고 죽어서는 불의한 혼이 되는 것은 사람들이 각각 원하지 않는 것이다. 너희들도 혼자 무슨 마음이겠는가. 너희들도 또한 사람이니 부모를 떠나고 조상의 묘지를 버리고 처자와 따뜻이 입고 배불리 먹는 즐거움이 없이 서로 들판에 서리와 눈을 맞으며 겉으로는 난폭한 척 하지만 속으로는 공포에 떨며 큰 죄를 달게 지으니 어찌 하자는 것이냐. 너희들은 내말을 믿고 마음을 바꿔 일을 도모하면 전화위복이 될 것이다. 그 일에 대해 말이 여기까지 미치니 소리가 떨리고 기가 막힌다. 오호라 너희 무리가 어찌 이와 같이 하겠느냐. 정헌시(鄭憲時)가 혈서로 쓴다. 12월 4일

격문에 이르기를 "해서 지방의 여러 고을의 현명한 관리들과 감영이 한 가닥의 올과 같으니 □□ 삼가 바라건대 여러 제위께서 힘을 합쳐 병사를 모으고 빠르게 모여 한결같이 감영의 위험을 구하고 우리 부친의 어려움을 구해 주십시오. 정헌시가 피눈물을 흘리며 급함을 아룁니다"라고 하였다.《각각 거느린 포수 몇 십 명이 가까운 읍의 경우 초 10일에, 멀리 떨어진 읍의 경우 12일 안에 성외에 도달하고 각각 아무개 읍의 관군이라는 표를 내어 기호로 삼으시오. 아마도 일본병사가 막을 걱정이 없으니 헤아려 속히 갖추어 주시오》

초 6일 [初六日]

적괴(賊魁) 임종현(林宗鉉)이 몇 명을 거느리고 와서, 용서를 빌고 선화당에 돌아가 일을 보기를 청하고서 그 무리가 나갔다라고 운운하므로 답하기를, "전에 없던 변을 만나 직책을 다하지 못하여 처분을 기다려야 하니 선화당에 되돌아오는 것은 옳지 못하다. 너희들은 물러나라"고 준엄하게 물리쳐 보냈다.

초 7일 [初七日]

적의 무리가 왼쪽의 성중에서 노략질을 해 거의 다 없어졌고 이어서 깃발을 세우고 북을 울리며 태연하게 성을 빠져나갔다. 무리를 동서로 나누어 마을에서도 노략질을 하고 사라졌다. 이윽고 정신을 차리고 계본(啓本)을 작성하였다.《전에는 길이 막혀 상세히 아뢸 수가 없었다》

초 8일 [初八日]

편지를 보니, "가아(家兒)가 탁영대(濯纓臺)에 있다"라고 쓰여 있고 "내일 성으로 들어온다"라고 한다. 영(營)의 관속들이 점점 나타났다.

초 9일 [初九日]

가아가 도착하여 서로 붙들고 통곡하였다. 상처는 다행히 없었는데 팔과 다리는 아직 마비되어 움직일 수가 없었다. 서울 소식을 들으니 "초 5일에 체직되었다"라고 하니 감격함이 크다.

초 2일 정부의 초기(草記)에, "해영(海營)에 이제 동비(東匪)가 난리를 일으킨다고 하는데 관찰사의 장계가 없지만 전해 듣는 것만으로도 매우 놀랍습니다.

순무영(巡撫營)에 명령해서 빨리 그 도의 병영(兵營)이나 수영(水營)에 신칙해서 계획을 세워 섬멸하는 것이 어떻습니까"라고 하니 전교하기를, "윤허한다"라고 하였다.

초 4일의 정부 초기(草記)에, "해영 비적(匪賊)들이 난리가 일어났다는 소문은 갈수록 헤아릴 수가 없습니다. 지방관이 진실로 백성을 회유하고 통제하는 두 가지 일을 제대로 했더라면 어찌 전에 없는 변고에 이르렀겠습니까. 변란이 생긴지 여러 날이 지났지만 이에 치계(馳啓)도 하지 않았으니 또한 지극히 해괴하고 경탄스럽습니다. 황해감사 정현석(鄭顯奭)을 우선 견책하여 파직하는 법을 시행하고 그 대신에 관서선유사(關西宣諭使) 조희일(趙熙一)을 임명하며, 해주판관(海州判官) 이동화(李同和)도 파직해 쫓아내고 그 대신에 연안부사(延安府使) 이계하(李啓夏)를 임명하여 빨리 부임지로 내려가게 하십시오"라고 하니 전교하기를 "윤허한다"라고 하였다.

초 10일 [初十日]

일본군 소위(少尉) 스즈키(鈴木彰)와 통역관 스미노(住野嘉吉)가 거느린 70여 명의 병사들이 금천으로부터 평산(平山)을 지나 황해감영에 도착하여 본부(本府)의 공해(公廨)에 주둔하게 하고 노고를 치하하고 음식을 먹인 후에 동학군의 난리에 대한 전말을 상세하게 장계를 올렸다. □시에 관청의 관속 중에 동학도들과 내응하여 난리에 참가한 자들이 비록 범한 일이 없더라도 모두 흩어지고 백성들도 난리를 겪어 또한 도망간 사람이 많아 감영 주변이 거의 비었다. 이에 관속들과 거주하는 백성들에게 명령하여 불러 모이게 하여 나타난 사람들에게는 물금체(勿禁帖)와 개인지(盖印紙), 도장을 찍은 종이를 나눠 주어 한결같이 용서해주어 불안해하는 사람들을 안심시켜 주었다.

한편으로는 교졸(校卒)을 모집하여 근처에 몰래 숨어든 비류(匪類)를 검문하여 잡아들였다. 이에 관속들이 모두 나타났고 거주하는 백성들을 일일이 점고해 보니 또한 집을 떠났던 백성들이 돌아왔다. 또 명의소(明義所)를 설치하여 영(營)과 부(府)로부터 유림(儒林)·이교(吏校)·농상(農商)에 이르기까지 모두 이름을 기록하여 책자를 만들어 안상(案上)에 두니 여러 명이 모두 먼저 기록되기를 다투었다. 안정되었다고 믿고 두려움이 없었다.

11일 [十一日]

적당(賊黨)의 접주 3명을 잡아 효수하여 경계한 후에 아뢰기를, “강령의 무기를 빼앗기고 공당(公堂)이 부서지고 문서가 타 없어진 일을 장계로 올립니다”라고 하였다.

12일 [十二日]

선화당과 각 공해(公廨)를 고치고 지붕을 새로 올리는 일이 급하여 영(營)의 이교청(吏校廳)에 나아가 채리전(債利錢)을 동서의 부노(父老)들에게 나눠주어 그 일을 감독하게 하였다.

13일 [十三日]

평양에 주둔한 일본병사들이 신천(信川)으로 진격하여 적 수십 명을 살해하였다라고 들었다. 또 듣기를 “강령에 주둔한 적이 아직 많으니 편비(褊裨) 박봉원(朴鳳元)을 보내어 교졸 50명을 거느리고 검문하여 잡아들일 것을 명령하니 파견된 일본 병사들이 서쪽 취야 앞까지 나아갔다”라고 한다.

송화현(松禾縣), 문화현(文化縣), 평산부(平山府), 조니진(助泥鎭), 오우진(吾又鎭), 용매진(龍媒鎭)이 모두 적에게 함락되어 순서대로 장계로 올렸다.

14일 [十四日]

성가퀴의 담이 무너져 내린 곳이 4~5군데나 되어 모군(募軍)을 시켜 돌을 지고 가서 쌓게 하고 □□의 밖은 물이 흘러 밤에 얼어버리니 다른 성(城) 아전과 백성들을 불러 알리고 굳게 맹세하여 밤낮으로 지켜 엄히 경계하게하고 밤이면 횃불을 모아 밝히고 가아를 시켜 노궤(勞饋)를 지키게 하는 것을 날마다 되풀이 하였다. 임무 교대하는 것이 급하므로, 새로 임명된 감사가 평양에 있어 새로운 감사를 맞이하는 이예(吏隷)를 보냈으나 길이 막혀 심히 근심스럽다.

적괴(賊魁) 임종현(林宗鉉), 성재식(成載植), 이용선(李容善) 등 3사람 외에 협박으로 따른 사람은 처벌하지 않고 병기를 풀고 집으로 돌려 보내지만 우두머리를 잡아 보낸 자는 계문하여 상을 주게 할 것이란 뜻을 여러 고을에 관문을 돌리고 경내(境內)의 길가에는 한문과 한글로 게시하였다. 장연부(長淵府), 신천군, 장수산성(長壽山城), 수양산성(首陽山城)이 모두 적에게 공격을 당해 함락되었고 신천의 첩보에 "신천군의 포수 노제석(盧濟石)이 70여 명을 모아 비류(匪類) 18명을 쏴 죽였다"고 하니 매우 가상하였다.

사유를 갖추어서 계를 올리는 것이 '포상한다는 뜻'에 합당하므로 글을 지어 발송하였다. 듣건대 "도내의 유생들이 유임을 원하는 일로 조정에 가서 호소하였으나 허락하지 않아 내려와서 다시 올리자고 회의 하였다"라고 하니 군교를 보내어 엄히 금지하였다.

15일 [十五日]

옹진수영(甕津水營) 또한 적변(賊變)을 만나 수사(水使)가 중상을 당해 사유를 갖춰 치계(馳啓)하였다. 모령(募領), 소모의 책임관 박봉원의 교졸, 그리고 일본 병사가 강령에서 적을 만나 싸워 1명을 사살하고 13명을 생포하였는데 그 중에 2명은 일본 장교가 살려주라고 하므로, 한양으로 보내고 나머지 11명과 영교가 잡은 1명은 목을 효수 경계하고 보고하였다.

□시에는 여러 고을에서 위세를 보고 적당(賊黨)이 곳곳에 개미처럼 주둔하고 있다가 무너지니 인수인계하기 전에 성을 보전하는 것을 상책으로 삼고 총을 모으고 화약을 은닉한 자를 군정(軍丁)으로 불러 모아 후한 음식으로 대접하고 의리로 깨우쳤다. 그래서 감영 아래에 100여 명의 건장한 장병들이 총 쏘는 것을 연습하고 총을 쌓아 놓았다.

적(賊)중에 가장 행동이 흉악한 백우배(白佑培)를 일일이 조사하여 체포하고 효수하여 경계한 후에 치계(馳啓)하였다. 일본 병사가 강령에서 돌아왔다.

17일 [十七日]

전후로 조사해서 찾아낸 무기 중 조총 481정, 화약 540근, 납탄환 2,300개, 신설한 포군 ▣백명의 일과 연안부 또한 적에게 습격을 당한 변에 대해 보고하였다.

19일 [十九日]

신천수령이 첩보를 올렸다.

"감영에서 임명한 의려장(義旅長) 신천군 진사 안태훈(安泰勳)이 포군 70명, 장정 100여 명을 모집하였고 총으로 적을 쏘아 죽인 영장(領將) 3명과 습득한 조총, 환도(還刀), 갑주(甲胄)를 올려 보냈다"라고 전한다.

안태훈이 기특한 공훈을 세웠으니 진실로 극히 가상하여 격려하고 포상하는 것이 합당하니 본도(本道), 황해도 소모관(召募官)에 임명하는 것을 임금께 상주하여 분부를 받아 처리할 뜻으로 아뢰었다. 또 은율현(殷栗縣)의 변에 대해 보고하였다.

20일 [二十日]

비류가 약탈하여 마을에 쌓아둔 곡식은 조사해서 영속(營屬)과 포병의 급료로 나누어 주었다. 듣자하니 "해주의 죽천(竹川)에 비류 5,000여 명이 웅거하고 그 괴수는 최서옥(崔瑞玉)이다"라고 한다. 유생 김리현(金履鉉)으로 하여금 전령(傳令)을 가지고 가서 충신과 역적, 화(禍), 복(福)을 유시하게 하고 또한 편지를 써주어 이득과 손해를 상세히 하여 귀화하게 하였다. 공을 세워 죄를 용서해주는 뜻을 단기(單騎)를 보내 알렸다. 포군(砲軍)에 응모하는 자가 하루에 200명이 되는데 경군(京軍)의 차림을 모방한 전립(氈笠), 과의(黑衣)를 만들어 지급하고 영장을 2사람 임명하여 훈련시키고 나장청(羅將廳)의 직소(直所)를 지정해 직접 가서 점검[點閱]하고 소를 잡아 음식을 나누어 주어 위로하여 한마음으로 나라를 위해 적을 토벌하는데 힘쓰게 했다. 듣건대 "적비(賊匪) 몇 천명이 다시 해주의 서쪽 경계인 취야에 모여 있어서 연달아 정탐을 보냈다"라고 한다.

21일 [二十一日]

배천군(白川郡)의 적변(賊變)을 빨리 아뢰었다. 듣자하니 강령현의 적비(賊匪)가 다시 그 읍으로 들어가 400여 호(戶)를 태우고 돈과 곡식을 빼앗았다고 하니 사유를 갖춰 빨리 보고하였다.

22일[二十二日]

유생 김리현(金履鉉)이 죽천으로부터 돌아와서 최서옥(崔瑞玉)의 답장을 바치니 "잘못을 깨닫고 며칠 안에 해산하겠습니다"라고 하니 다행이다.

23일 [二十三日]

새벽에 모집한 포군 100명과 일본 병사 50명이 취야로 진공하여 적과 서로 섞여 싸웠다. 적도(賊徒)가 패하여 도망가니 총을 쏴서 11명을 죽였고 ▣을 생포

하였다. 말 33필, 소 4필, 화약 500여근, 조총 5자루, 환도 5자루, 연환 5,000개, 총 10자루, 깃발 3면을 가지고 돌아왔고 사유를 갖춰 빨리 아뢰었다. 군사들이 돌아올 때에 가아를 서문(西門) 밖으로 내보내어 위문하며 맞이하였고 악공을 불러서 승전보를 앞에서 인도하고 들어와서는 음식을 베풀었다. 탄약과 총알이 떨어져서 근처 고을에 은밀히 관문을 보내어 실어가지고 오게 하였다. 금천수령이 화약 1,000근, 납총알 5,000개를 짐바리로 실어 보냈으니 위급한 때를 대비할 수 있었다.

24일 [二十四日]

일본군이 생포한 적과 소와 말을 호송하였는데 모두 연안부로 향하는데 매우 소홀했다. 편지를 송영(松營), 개성에 보내어 송도병참에 있는 병사들이 와서 돕게 하여 이로부터 더욱 경비를 강화하였다. 탐문하여 보니 적비(賊匪) 수만 명이 모두 해주의 서쪽 300리 안현(鞍峴)에 모여 있다고 한다. 계속해서 정탐하니 그 무리가 일본 병사들이 감영을 비운 틈을 타서 성을 침범하고자 한다고 한다.

25일 [二十五日]

삼경(三更), 오후 11시~오전 1시 무렵에 포군 200명을 안현으로 향하게 하여 적을 만나 맞받아 쳤는데 단지 2명을 사로잡았다. 밤이 깊어 싸우지 않고 진영에 머물렀다.

26일 [二十六日]

성첩(城堞)을 지키라고 엄히 명령을 내렸다. 각 성문에 기찰포교를 두고 평범한 사람들이 성으로 들어오면 내력을 자세히 묻고 만약 수상하면 즉시 명하여 가두고 아울러 한사람도 성 밖을 나가게 허락하지 말고 한편으로는 연안(延安)에 주둔하고 있는 일본군 주둔지역에 알려 빨리 도와줄 것을 요청하였다. 이 사실은 극비여서 영속들 가운데 아는 자가 없었다.

27일 [二十七日]

성을 나가 주둔하던 포군이 돌아 왔는데 적의 형세가 커서 적을 꾀는 계책을 쓰고자 하였다. 오시(午時, 오전 11시~오후 1시) 무렵에 적 300명이 새로 모집한 산포수를 앞에 세워 깃발을 세우고 북을 울리며 산과 들을 가득 채우고 멀리서 말을 몰며 진격하였고 성의 서쪽 선산(仙山) 연하동(烟霞洞) 등지에 모였다.

성 밖 장당현(將堂峴)에 바짝 진군하여 성을 내려다보니 양쪽 길에 불을 질러 성 밖의 민가 40여 호에 불길이 번졌다. 눈 아래의 타들어가는 기세를 보아하니 장차 성이 모두 타버릴 것 같았다. 이에 성문을 굳게 닫고 사졸들을 독려하여 성가퀴 위에 돌덩이를 많이 모아두었다. 중군(中軍)과 막비(幕裨)을 남성(南城)과 북성(北城)으로 나누어 지키게 하고 서성(西城)은 가장 요해처이므로 가아로 하여금 무리를 단속하게 하였다. 서성(西城)을 지키며 접전할 때에 일본병사 60여 명이 동문으로 부터 들어왔는데, 적배(賊輩)들은 단지 일본 병사들이 나간 것은 들었으나 일본병사들이 들어온 것은 모르고 이 틈을 타서 갑자기 일어나서 성을 도륙하고 악독을 부리려고 한 것이다. 가아(家兒)로 하여금 나가서 일본병사를 맞이하게 하고 분대를 지휘하게 하여 한 갈래는 남문을 거쳐 나가게 하고 한 갈래는 서문을 통해 나가게 하였다. 그리고 감영의 포수 200여 명과 영속(營屬)과 민인(民人)들에게 각자 창과 몽둥이를 지니게 하여 서로 섞여 나가고 성첩 위의 민인들에게 고함을 쳐 기세를 북돋우게 하였다. 전투가 미시(未時, 오후 1시~3시)에 이르자 적의 기세는 꺾였고 우리는 기세등등했다.

산포수 20여 명을 포살하였고 15명을 사로잡았고 나머지 무리는 패하여 도망갔다. 30리를 추격하니 짐승처럼 사방으로 흩어져 더 이상 찾을 수가 없었다. 날이 또한 저물어 양군(兩軍)이 모두 개선해 돌아오니 사유를 갖추어 빨리 보고하였다. 일본병사의 숫자가 적었기 때문에 동학당의 우두머리는 잡지 못하고 일본군을 빠르게 보탠 후에 소탕할 수 있었다는 뜻으로 글을 만든 계본에, "그날 밤 영속과 부로(父老)들이 모두 하례를 드리는 날에 모여 오늘 일로 거의 성 전체가 타버릴 뻔했으나 하늘이 도와 적은 숫자로 많은 무리와 싸워 이기고 우리 군사들은 한사람도 다친 자가 없었으니 진실로 기쁨을 이길 수가 없습니다"고 하였다. 답하여 이르기를, "관직을 교대(交龜)하기 전에 성을 지키고 또한 적을 많이 죽였으니 군민(軍民)의 마음이 하나가 된 것일 뿐 아니라 나라의 큰 복과 관계가 있다"고 하였다. 이에 노고를 치하하였다. 새로 오는 감사의 편지를 보니 "25일에 황주(黃州)의 경계에 도착하고 30일에는 감영에 도착해서 임무교대식을 행한다"고 하니 매우 다행이다.

28일 [二十八日]

사로잡아 적을 중군(中軍)에게 조사하게 하였다. 《동학도의 주머니에서 종이 하나를 노획했는데 즉 도록(都錄)이었다. 임종현(林宗鉉)을 접사(接司)로 성재식(成載植)을 강령으로, 이용선(李容善)을 안악(安岳)으로 최득수(崔得秀)를 판■(判■)로 모(某)를 중군(中軍)으로 모(某)를 모졸(某卒)로 방백(方伯)과 수령(守令)이 모두 그 가운데서 나왔는데 이는 모반하는 것이다》

대개 그날에 성 가까이에 있던 적들은 가볍고 중함을 논하지 말고 모두 중형을 시행해야 하나 어린아이가 우물로 들어가는 것을 어찌하지 못하는 심정으로, 또한 옥석(玉石)을 모조리 태우는 폐단이 있을까 걱정되니 붙잡은 적(賊) 가운데 10놈은 억지로 협박해서 따른 것에 불과하니 특별히 풀어주었고, 포수 5놈은 일일이 사실을 자백하여 아울러 처단한 후에 사유를 갖춰 보고하였다.

30일 [三十日]

인수인계 하는 날에 새 감사를 맞이하는 접대를 맡은 영속의 사사로운 통문을 받아보니, "새 감사가 재령(載寧)에 도착했는데 비도(匪徒)가 둘러싸서 가마를 위협하여 10리를 돌아서 갔습니다. 총으로 마부 2명을 죽이고 총을 쏴서 신임감사를 위협하면서 감영에 도착해서 다시는 잡아 죽이지 말 것을 요청했는데 다짐받은 것과 다름없었다. 그런 후에야 새 감사를 풀어주었으니 이 때문에 1일에 임무교대를 합니다"라고 한다.

주석

중군(中軍)·판관(判官)·막비(幕裨) 판관은 각 감영(監營)·유수영(留守營) 및 큰 고을에 둔 종5품 벼슬을 말한다. 중군은 지방군사지휘관, 막비는 감사 등에 딸려 비서 일을 보는 관원, 비장이라고도 한다.

순찰사(巡察使) 당시 감사인 정현석(鄭顯奭)을 말한다.

수구(壽具) 염습할 때 쓰는 옷, 베개, 이불 등을 통칭한다.

나의 부친 정현석의 아들인 정헌시(鄭憲時)는 아버지의 연락을 받고 지원군 동원에 나섰다. 이 효유문은 정헌시가 지어 돌린 것이다.

가렴조(加斂條) 일정한 규정 외에 여러 명목으로 더 거두는 잡세를 말한다.

가아(家兒) 자신의 아들을 일컫는 말로, 정현석이 사실을 기록하였으므로 자신의 아들을 가리킨다.

물금체(勿禁帖) 통행을 자유롭게 할 수 있는 증빙문서로 관의 도장을 찍어 나누어 주었다.

채리전(債利錢) 환곡 등 채무의 이자로 받은 돈을 말한다.

편비(褊裨) 각 영문(營門)의 부장(副將)을 말한다.

안태훈(安泰勳) 의사 안중근의 아버지로 대지주로 농민토벌군을 결성하여 활동하였다.

소모관(召募官) 소모사의 지휘를 받아 의병을 모집하는 임시관직을 말한다.

나장청(羅將廳) 군아(軍衙)의 사령 중 하나를 말한다.

송영(松營) 개성에는 직할시격인 경기도 광주, 수원, 강화도와 함께 송도유수영을 두고 유수수를 배치하였다.

모졸(某卒) 卒은 수령을 뜻하는 倅의 오자로 보인다.

### 갑오해영비요전말

1894년 12월

1894년 12월 [甲午十二月]

초1일 오후에 감사가 감영에 도착하여 본부(本府) 동헌(東軒)에서 교구 교대 의식을 행하였다. 초2일에 길을 떠나 중간에 강령의 수령 유관수(柳灌水)의 편지를 보니 노옥(鷺玉)일체를 찾아 보냈다고 하였다.《거기에 강령읍민의 가옥이 불타버렸다고 합니다. 서울에서 출발하여 행차가 고양(高陽)에 도착하자 홀연히 적(賊)의 우두머리 성재식(成載植)을 만나 노비로 하여금 잡아 묶게 하였고 해당 군의 교졸(校卒)을 빌려 순무영에 압송하였습니다. 그리고 성재식의 주머니에서 옥로(玉鷺)를 찾아내어 보내며 경영(京營), 순무영에서 사형에 처했다고 한다》

도내의 10여 개의 읍과 5개의 진보(鎭堡)와 수영(水營)은 모두 적변(賊變)을 만났으며, 정부의 초기(草記)에는 지은 죄를 지고 업무를 거행하라고 하였지만 도내의 모든 유생들이 서울로 와서 간절히 유임해 줄 것을 원하여 3차례에 걸쳐 소장을 올렸으나 그대로 기각하였다.

신천의 안태훈과 노제석이 의병을 일으켜 적을 소탕하였다. 그러니 상을 논의하는데 합당하여 격려하고 장려하는 뜻으로 임금에게 아뢰었으나 정부에서 처음부터 답변이 없어 역시 다시 아뢸 수가 없었다. 도내의 의병을 일으키려는 많은 자들이 모두 보고 해체하려고 하였다. 서울로 돌아간 후에 해영(海營)의 소식을 들으니 "일본병사 100여 명이 더 와서 감영에 더 주둔하였고 포병의 숫자도 더해져서 적당(賊黨)이 흩어져 아무 일도 없었다고 하였다"라고 하였다.

주석

노옥(鷺玉) 백옥(白玉)으로 만들었으며 연화(蓮花)에 해오라기 3마리를 투각(透刻)하였다. 외국에 가는 사신이 갓머리에 단 장식품이다.

**갑오해영비요전말**

도내유생이 정부에 올린 장초를 부침

도내유생이 정부에 올린 장초를 부침 [附道內儒生呈政府狀草]

삼가 아룁니다. 먼 지방의 어리석은 백성으로 조정의 사체를 알지 못하고, 가벼이 먼저 호소하니 일을 전혀 분간하지 못하는 처사에 저촉되는 듯 하지만 원하는 것이 있으면 반드시 고하는 것이 백성들의 인지상정입니다. 오직 우리 순찰사께서 부임하신 초에 패영(浿營), 평양감영에서 이미 배포하여 빌려간 군량을 바로 환급받아, 일본사람들이 왕래할 적에 곡식을 운송하는 소요에도 백성들이 모두 옛날처럼 안도하였습니다. 당오전(當五錢)을 혁파한 뒤, 계미년 이후로 호(戶)와 결(結)을 기준으로 더 거둔 세금은 일체 혁감하고 엽전으로 상납하기를 원한다는 뜻으로 관문(關文)을 보내니 다른 폐단들이 역시 이를 따라 없어지고 차례로 정해졌으니, 도내의 백성들이 거의 소생할 희망이 있었습니다.

이른바 동도(東徒)는 어디로 나오는지 알지 못하지만 패거리를 불러 모아 겉으로는 도인(道人)의 이름을 빌리고, 속으로는 약탈할 마음을 품고 있는 자입니다. 비록 경영(京營), 순무영에서 명령한 것이 한두번이 아니지만 어린아이가 우물로 빠지려는 것을 어찌하지 못하는 심정으로 사랑으로 용서를 베풀었습니다. 여러 번 타일러 깨닫고 생각을 고쳐가져 스스로 새로워지기를 바랐는데 흉악한 저 비류(匪類)들은 점차 더욱 번성하였고, '공전오배지설(公錢五倍之說)'을 거짓으로 칭하였습니다. 처음에 그들이 등소(等訴)할 적에 수 만명이 한꺼번에 갑자기 들어와 우리 순상(巡相)을 핍박하여 곤욕을 주었고, 선화당과 공해(公廨)를 남김 없이 부수고 무기를 강제로 빼앗았으며, 또한 서류를 불태웠습니다. 칼과 창이 하늘을 뒤덮었으며 총소리가 땅을 흔들어 아전과 백성들이 사방으로 흩어져 관청은 텅 비어 버렸습니다. 그러나 오직 순상께서 감영밖에 앉아 성난 목소리로 크게 꾸짖어 죽음을 맹세하고 굴하지 않으니, 적도(賊徒)중에 오히려 감응한자가 도리어 사과를 하고 물러났습니다.

하지만 공사(公私) 모두 도탄에 빠져 허덕여 다른 여지가 없습니다. 흩어진 사람들을 불러 들여 안주시키고 군사를 많이 동원하여 일본병사와 같이 동학군을 쫓아 체포하였고, 강령에 도착한 후에 사로잡은 수십명을 효수하여 뭇사람들을 경계하였습니다. 그밖에 수 만명에게도 의리로 유시하니 한꺼번에 귀화하였습니다.

그 우두머리와 무리들 몇 천명이 옹진, 강령땅에 모여 있어서 잡을 계획이었는데, 그 때를 만나서 비록 어리석은 사람이라도 눈물을 머금지 않을 수 없고 탄식하여 말을 할 수가 없었으니 감화의 지극함이 아닌 것이 어찌 이와 같이 될 수 있겠습니까. 이번에 견책하여 파직하는 법은 생각해 보니 이와 같이 지키지 못한 책임 때문에 그런 것입니까?

그 날 변란은 예로부터 없던 일이니 비록 옛날에 타고난 재능을 가진 자라도 막을 방법이 없었을 것입니다. 또 도내의 일로 말하자면 1년에 3차례의 영송(迎送)하는 많은 비용이 어찌 어렵지 않겠습니까. 전후의 사건 전말이 이와 같이 명백하여 병폐를 가지고 말을 청하니 세심하게 살펴주십시오.

병이 여러 해 계속되어 고질이 되고 시간이 흘러 증세가 변한 것은 진실로 용한 의사도 치료하기 어려운 것인데 단지 효험이 없다고 책망하여 자주 의사를 바꾸어 병의 근원이 어느 곳에 있는지 살피지 못하고 쓴약, 단약을 섞어서 사용하니, 병도 낫지 않을 뿐만 아니라 사람을 상하게 할 수 있습니다. 처음에 증세를 진단한 의사에게 맡겨 성심껏 치료하게 하여 만에 하나라도 잃을 염려가 없게 하는 것이 가장 좋은 방법인 까닭에 저희들은 눈길에 발을 싸매고 나아가 외람됨을 피하지 않았습니다. 이에 감히 일제히 호소하니 바라건대 헤아리신 후, 백성들을 이 치료하기 어려운 병상을 아뢴 것과 같이 여겨 우리 순상을 특별히 잉임(仍任)하여 오래된 병폐를 잘 조리하게 할 수 있기를 간절히 바라니 기도하고 간구함이 그지 없습니다.

주석

당오전(當五錢)을 혁파 당오전은 계미년(1883)년에 주조되어 상평통보의 5배 가치로 교환되었다. 1894년 7월부터 당오전의 주조를 중지하고 엽전을 통용케 하였다.

공전오배지설(公錢五倍之說) 공적으로 살 돈을 정액보다 오배를 거두었다는 의미인 듯하다.

영송(迎送) 중국사행이 드나드는 황해도 평안도에는 진주사 등 중국사신의 경비를 염출하였다. 1년에 3차례 사행이 있었다.

### 갑오해영비요전말

해주유생이 관찰부에 올리는 소장의 초를 부침

해주유생이 관찰부에 올리는 소장의 초를 부침 [附海州儒生稟狀觀察府草]

삼가 아뢰기를 나라를 지키고 백성을 다스리는 책임에 만약 뛰어난 공로와 공훈이 있으면 역사에 기록하여 후세에 남기고 금석에 새겨 나라의 법으로 권장한 후에야 사람들이 당연하게 여기는 것입니다. 전(前) 순상 정공(鄭公)은 위세와 명망 그리고 이름과 명예가 조정과 민간에 평소부터 드러났고 다행히 이 나라의 관찰사로 임금의 은택과 시정의 은혜, 그리고 백성을 사랑하고 유학을 숭상하는 시술이 널리 퍼져 장차 기울어진 기구를 정돈할 수 있었고 거대한 폐막이 다시 회복되었습니다.

도민들이 복이 없어 갑자기 동쪽과 서쪽에서 난리가 나는 시기를 당했습니다. 그 비류(匪流)의 죄악을 살펴보니 도륙을 내야함이 맞습니다만 특별히 널리 구제하는 어진 정사를 베풀고자 전령을 죽천에 동비(東匪)들이 모여있는 곳으로 보냈습니다. 그들을 의(義)에 의거하여 책망하고 이치로 깨우치니 이제까지 순종하지 않던 동도(東徒)들이 모두 기뻐 감복하여 귀순하였으며, 수만의 비포(匪包), 동학의 조직가 하루아침에 와해되었습니다.

또 임종현, 성재식 두 우두머리 외에 모두 죄를 용서해줄 뜻으로 사방이 통하는 길에 방을 걸어 두니, 강제로 가입한 동도(東徒)들이 기뻐 감복하여 귀순하였고, 적(賊)의 우두머리를 추종하던 자가 안심하고 흩어져 가니 모두 부처가 다시 살아 왔다고 칭송하였습니다.

정치와 교화의 실적을 이미 경부(京部)에 올린 유임을 원하는 장계에 간략하게 거론하였으니 볼 수 있을 것입니다. 하지만 장계를 물리치심에 이르러서 민심이 몹시 허둥지둥하여 앞일을 예측할 수 없고 위태롭기가 마치 달걀을 쌓아 놓은 것과 같습니다.

아름답고 훌륭하기도 하도다! 하늘이 이 백성들을 버리지 않아 순상(巡相)을 조희일(趙熙逸) 공(公)으로 교체하여 보내주셨는데 조공은 일찍이 관서지방의 관찰사로 있으면서 백성을 어루만져 화평하게 한 명망이 있었습니다. 때문에 이곳 해변지방의 난리로 인해 상처 입은 백성들을 와서 돌보게 되었으니, 그분은 앞서 있던 정공이 약속한 그대로 동도(東徒) 가운데 마음을 바꿔 의를 지향하고자 하는 자는 회유하고, 혼미한 생각을 고집하여 그것이 습성으로 굳어진 자는 물리쳐버렸습니다.

그로인해 부임한 몇 개월 사이 요사한 기운이 깨끗이 없어지니 도내가 편안하고 조용해졌습니다. 마침내 구렁텅이에서 뒹구는 민인(民人)을 매우 편안하게 조치하여 도내의 생령(生靈)들이 오늘날 까지 살아있을 수 있었던 것은 정현석(鄭顯奭)과 조희일(趙熙一) 두 공(公)이 이룬 은택 때문입니다. 따라서 앞뒤로 이어온 전한(前漢)의 소부(召父)와 후한(後漢)의 두모(杜母)를 찬양하던 노래는 다만 저 두소(杜召) 2사람만 칭찬하는데 그칠 일이 아닐 것입니다. 남은 은택과 교화가 백성들의 마음에 두루 미쳐 멈추지 않으니 반드시 비석을 세워 그 덕을 기려 만세토록 잊지 않는 사적(史蹟)으로 삼고자 아래에서 마음대로 만들었으니 극히 황송합니다. 저희들이 한목소리로 바라오니 처분해 주십시오. 삼가 간절히 바랍니다.

1895년 9월일

주석

찬양하던 노래　서한(西漢)의 소신신(召信臣)과 동한(東漢)의 두시(杜詩)는 서로 잇달아 남양태수(南陽太守)가 되었는데 모두 백성을 위한 정사를 하여 당시에 "전에는 소부(召父)가 있었고 후에는 두모(杜母)가 있다"라는 칭송을 받았다.

### 갑오해영비요전말

후록

후록 [後]

김익성(金益性), 노병길(盧秉吉), 이돈영(李敦瀅), 윤태도(尹泰道), 유치장(俞致章), 윤희순(尹熙淳), 조양하(趙養夏), 신태억(申泰億), 박창물(朴昌物), 심의필(沈宜弼), 오윤선(吳允善), 최위현(崔渭鉉), 이종육(李種堉), 김언식(金彦植), 이훈민(李勳敏), 정재문(鄭在文), 이준회(李峻會)[59]

황해도 동학농민군이 공격하였던 해주성 남문
South Gate of Haejuseong Fortress, which was attacked by peasant troops of the Donghak Movement in Hwanghae Province
김구가 동학농민군을 이끌고 피신하였던 패엽사
Paeyeop Temple, where Kim Koo led Donghak peasant troops into hiding
동학을 창시한 최제우
Choe Je-u, the founder of Donghak (Eastern Learning)
동학 2대 교주 최시형
Choe Si-hyeong, the 2nd leader of Donghak


동학, 김구, 해주성 관련 사진 ©백범김구기념관

59 동학농민혁명기념재단, 『갑오해영비요전말(甲午海營匪擾顚末)』, 동학농민혁명 사료(史料)아카이브.

1925년 이전 훼손되기 전의 해주성 전경 ©뉴스1

해주도 병풍 (海州圖 屛風) ©문화재청 국가문화유산포털

해주의 안중근 생가 ©정암 서당

해주의 안중근 생가터 ©정암 서당

1894년 12월 2일 동학군에 의해 해주감영이 함락되고 그 책임으로 파직된 정현석은 1899년(고종 36년) 6월 10일 83세를 일기로 사망하게 된다. 그의 묘는 고향인 강원도 횡성군 공근면 학곡리에 소재하고 있다.

사상자가 난 것으로 나타난다. 동학도의 공격은 실패로 끝났지만, 이 때 해영을 공격한 동학도의 주력은 김창수(金昌洙) 부대였고, 이 사람은 곧 어린 시절의 백범(白凡) 김구(金九)이다.

이후 박원은 82세였던 1898년(戊戌年, 光武 2年)에 가의대부(嘉義大夫)에 오르고(『청선고』), 이듬해인 1899년(己亥年, 光武 3年, 83세), 숱한 관직 생활을 뒤로하고 6월 10일 세상을 떠났다. 박원의 묘소는 횡성군 공근면 학곡리 금관촌 뒷산 건좌(乾坐)에 있으며 부인 최씨와 합장했다. 묘소에 비석은 세우지 않았고, 망주석(望柱石)과 석수(石獸) 2기가 있다. 족보에 보이는 "官至戶曹參判"은 증직(贈職)인 것으로 보이며, 『융비번사고(戎備藩司考)』, 『융비고(戎備考)』, 『유원록(柔遠錄)』, 『경개록(傾蓋錄)』, 『여지고(輿地考)』, 『기기도설(器機圖說)』, 『백행록(百行錄)』, 『오총도관견록(五摠圖管見錄)』, 『시종록(始終錄)』 등 많은 저술이 있었다고 기록되었으나, 현재 이 책들은 전하지 않는 것으로 보인다. 후손 분의 말씀에 의하면 박원이 살던 고택(古宅)은 현재의 횡성군청 앞마당 자리에 있었으며, 6·25전쟁 때 인민군이 사용하였고, 이후 폭격으로 완전히 소실되었다고 한다. 안타깝게도 박원의 소저(所著)들은 대부분 이때 인멸(湮滅)되었을 것이다.

▶ 정현석의 묘

정현석의 묘 사진과 관련내용[60]

강원도 횡성군 공근면 학곡리의 박원 정현석 묘

60 정현석 편저, 성무경 역주, 『교방가요』, 보고사, 2002, 22쪽.

### 정현석 연보[61]

| 나이 | 연도 | 행적 | 비고 |
|---|---|---|---|
| 1 | 1817(순조 17년) | 출생 | |
| 10 | 1826(순조 26년) | 동몽시(童蒙試) 장원 | |
| 13~14 | 1829(순조 29년)<br>~1830(순조 30년) | 순조 네 번 알현 | 시문 창작<br>경전 강설 |
| 18 | 1834(순조 34년) | 순조 승하로 실의 참 | |
| 20 | 1836(헌종 2년) | 성균관 유학(幼學) | |
| 24 | 1840(헌종 6년) | 부친 정기화 사망 | 3년상 |
| 28 | 1844(헌종 10년) | 증광시 진사 3등 | |
| 29 | 1845(헌종 11년) | 구일제과(九日製科) 수상 | |
| 30 | 1846(헌종 12년) | 후릉참봉 | |
| 33 | 1849(철종 즉위년) | 의영봉사<br>금부도사<br>모친상 | 3년상 |
| 37 | 1853(철종 4년) | 추상존호도감 감조관<br>부사용 | |
| 42 | 1858(철종 9년) | 한성주부<br>사복시 주부<br>종부시 주부<br>음성현감 | 어린 말 한필 하사 받음 |
| 44 | 1860(철종 11년) | 현감정후현석애민흥학영세불망비 | 충북 음성군 음성읍<br>읍내리 |
| 46 | 1862(철종 13년) | 고원군수<br>울산부사 | 함경도<br>경상도 |
| 49 | 1865(고종 2년) | 부사정공휘현석불망비<br>광주(廣州)판관<br>안성군수 | 울산광역시 북구 대안동 |
| 50 | 1866(고종 3년) | 삼가현감<br>박원 정현석 송덕비 | |
| 51 | 1867(고종 4년) | 진주목사 부임<br>통정대부 | |
| 52 | 1868(고종 5년) | 논개 의기사 중수<br>의암별제 설시 | |
| 53 | 1869(고종 6년) | 진주목사 유임(잉임) | |

61 김덕환, 「박원 정현석의 생애 고증 연구」, 『남명학연구』 제77집, 2023, 313-315쪽.

| 나이 | 연도 | 행적 | 비고 |
|---|---|---|---|
| 54 | 1870(고종 7년) | 김해부사<br>분산성 개축 | |
| 56 | 1872(고종 9년) | 『교방가요』 편찬 | 미금당(美錦堂) |
| 57 | 1873(고종 10년) | 부사통정대부정현석영세불망비<br>돈녕부 도정 | 충의각 |
| 58 | 1874(고종 11년) | 돈녕부 도정 체직 | 상소문 |
| 59~64 | 1875(고종 12년)<br>~1880(고종 17년) | 고향 은퇴 | |
| 66 | 1882(고종 19년) | 경주부윤<br>덕원부사 | |
| 67 | 1883(고종 20년) | 원산학사 설립 | 최초의 근대학교 |
| 68 | 1884(고종 21년) | 덕원부에 방곡령 시행 | |
| 69 | 1885(고종 22년) | 덕원부사 유임<br>겸 감리덕원항통상사무 | |
| 70 | 1886(고종 23년) | 가선대부<br>동지돈녕부사<br>동지의금부사<br>공조참판 | |
| 72 | 1888(고종 25년) | 한성부좌윤 | |
| 73 | 1889(고종 26년) | 동지중추부사 | |
| 74 | 1890(고종 27년) | 동지의금부사<br>형조참판 | |
| 75 | 1891(고종 28년) | 호조참판<br>동지돈녕부사<br>호군(護軍) | |
| 77 | 1893((고종 30년) | 형조참판 | |
| 78 | 1894(고종 31년) | 황해도관찰사<br>겸 황해도병마수군절도사<br>동학군에 결박<br>파직 | 해주감영 함락 |
| 82 | 1898(고종 35년) | 가의대부 | |
| 83 | 1899(고종 36년) | 사망 | |

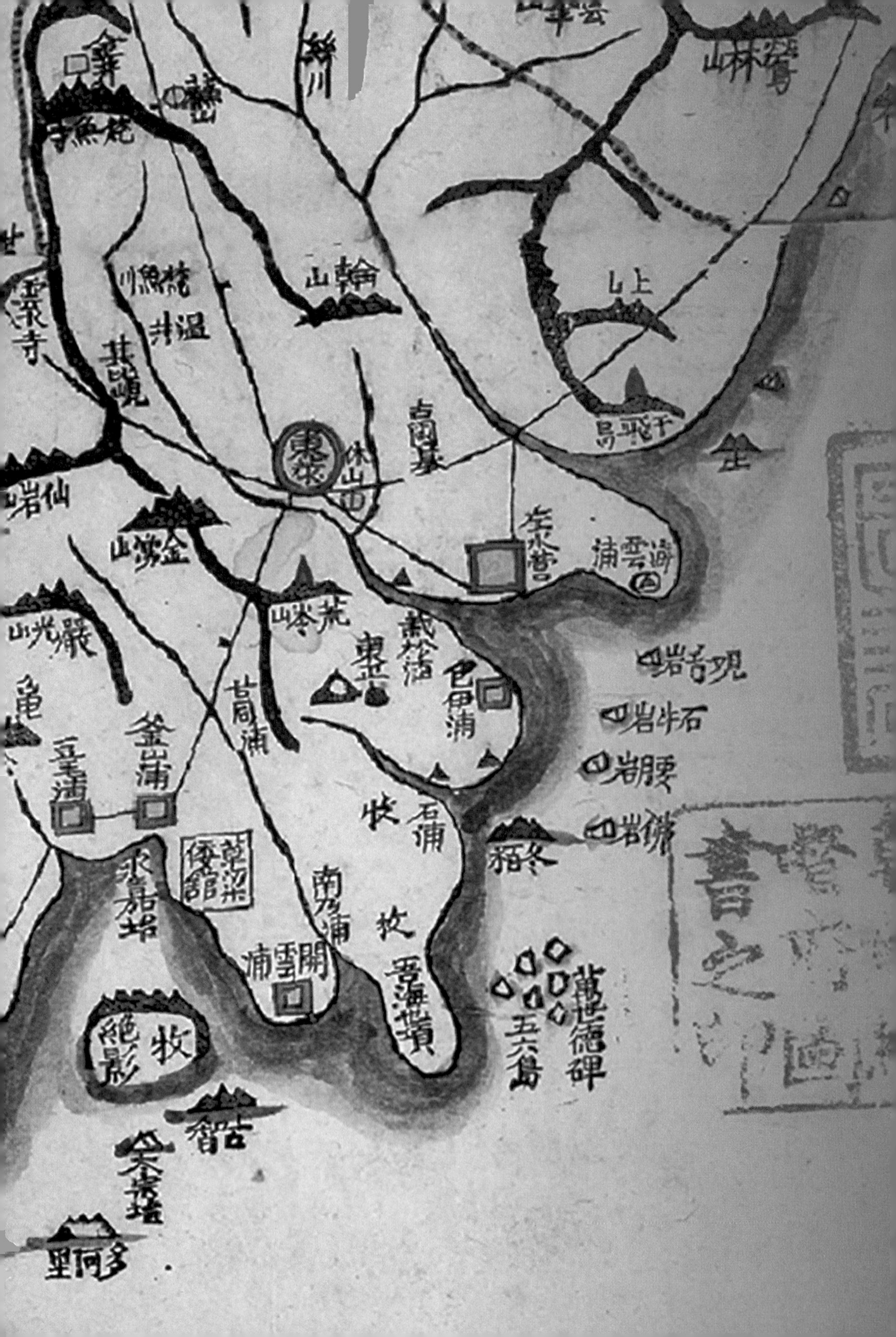

東萊
休山
左水營
海雲浦
釜山浦
開雲浦
石浦
南乃浦
牧
絶影
荒嶺山
冬栢
五六島
萬世德碑

# 제2장

# 정현덕 동래부사

정현덕 동래부사에 대한 내용을 검토해 보기 전에 다음의 신문기사를 참고해 볼 필요가 있다.

**원산학사와 동래무예학교**

정현석(1817년~1899년)은 고종 때 관료로 『승정원일기』에 여러 부분에 뛰어난 관료로 기록되어 있다. 그는 고원군수를 시작으로 김해부사, 동래부사, 덕원부사를 역임하면서 지역민과의 유대관계가 뛰어나 고종에게 인정받았다. 무엇보다 1867년부터 6년여 동안 동래읍성 수축과 군사조련 등으로 철저한 대비를 한 것으로 유명하다. 뿐만 아니라 위성척사론자로서 공이 컸고, 호국의지가 강했던 관료이면서 조선후기의 문장가, 서예가, 외교가로서도 이름이 높았다. 그는 진주목사로 부임해 진주교방에서 익히는 춤과 노래, 그리고 풍습을 바로잡기 위해 엮은 『교방가요』를 저술한 것으로 유명하며, 최초의 근대학교 설립과 이 학교에 무예반을 설치해 무관을 양성하기도 했다.

우리나라 최초의 근대학교는 1883년 함경남도 원산에 세워진 원산학사(元山學舍)로 알려져 있다. 하지만 최초의 근대학교에 대한 논란은 끊이질 않는다. 개신교의 영향으로 세워진 학교들이 근대학교의 효시라고 주장하는 이들도 있기 때문이다. 이 학교는 당시의 학생을 문예반과 무예반으로 나누고, 정원을 처음에는 문예반 50명, 무예반 200명으로 했다. 교육과목은 공통과목으로서 시무(時務)의 중요한 과목으로 산수와 물리부터 각종 기계기술, 농업, 양잠, 광산채굴 등을 가르쳤고, 특수과목으로서 문예반은 경의(經義)를 무예반은 병서와 사격술을 교육했다. 교육기간은 처음에는 1년을 단위로 했으나 뒤에 소학교 기준으로 연장됐다.

원산학사보다 5년 빨리 동래부(東萊府, 부산에서 포항에 이르는 지역을 포함한 지역)에 '무예학교(武藝學校)'가 존재했다. 최근의 문헌들은 체육사나 무예사에 한두 줄 인용되는 수준에 머물러 있지만 이 학교의 존재에 대해 필자는 확신하고 있다. 원산학사를 개교하는데 공헌한 사람이 정현석이고 동래 무예학교를 설립한 이도 동일인이었다. 이 두 학교의 설립자인 정현석은 관과 민의 협조로 근대학교인 원산학사를 설립했다. 사학(私學)형태로 무예학교는 동래부사였던 시절에, 원산학사는 덕원부사로 재직할 때 개교한 것이다.

**동래무예학교, 근대학교의 시초**

지금 부산에서 무예학교는 어디에 있었을까. 아직 사료는 발견되지 않고 있다. 무예학교가 개교할 당시에 동래부는 무청(武廳, 치안과 군사를 담당하던 관청)이 다른 지역에 비해 많았다. 이 시기가 무예학교를 만든 정현석이 동래부사로 재직할 시기인 만큼 동래부 동헌(東萊府 東軒, 부산시 동래구 수안동 421-56번지 일원)부근의 시설을 이용했을 것으로 추측할 수 있다. 동래부의 경우 일반 군현과는 달리 국방의 요충지였던 만큼 무청은 중군청, 군관청, 교련청, 장관청, 수성청, 별무사청, 도훈도청과 같은 8청이 있었다. 소규모의 무청도 많았다는 점에서 무청 중 하나를 무예학교로 지정해 교육했을 가능성이 높다.

체육사 연구자들에게도 동래무예학교는 인용되고 있다. 한양대 이학래 명예교수가 쓴 '한국체육사'에서는 무예반의 경우 유엽전(柳葉箭), 편전(片箭), 기추(騎芻, 말을 타고 활을 쏘는 기사(騎射))도 했다고 주장했다. 『승정원일기』의 고종 기록에는 기추(騎芻)의 경우 응시자가 흔하지 않거나 소수에 불과했고, 실시한다 해도 소수인원이 합격했다는 점을 감안하면, 무예학교에서 이를 집중 육성했을 수도 있다. 하지만 당시 여건상 이러한 교육과정보다는 사격술과 병술에 치중했을 가능성이 높다.

정현석은 왜 무예반에 애정을 쏟았을까? 당시 일본의 무력 위협이 수시로 자행됐기 때문에 1883년 8월에 원산학사의 무예반 자격을 위해 직접 정부에 보고했다. 이러한 노력으로 같은 해 10월 정부에서 승인되어 원산학사 무예반의 졸업생들은 하급 장교인 별기군으로 선발될 수 있는 여건을 만들었다. 원산학사는 무사로서 무예반에 지원하는 이들에게 입학금 없이 입학을 허락했고, 200명을 정원으로 선발해 교육과 훈련을 시켜 별군관(別軍官)을 양성했다. 별군관은 조선 후기 장신(將臣)들의 전령이나 사환을 맡았던 하급 장교로 원래는 무과에 급제했으나 관직을 얻지 못한 자나 한량(閑良) 가운데 무예에 기량이 뛰어난 자를 임명했다. 이들은 궁성 밖을 순찰, 감독했으며 지방의 진(鎭)이나 둔(屯)에 교대로 파견되기도 한 군관이었다.

이러한 근대학교의 무예반은 동래무예학교의 경우 무예교육을 통해 근대의 관문이었던 동래 개항장에서의 일본과의 충돌에 대한 대비책이었으며, 원산학사는 별군관으로서 궁성과 각 지역의 군관으로서 외세의 침략에 대비하는 인재를 양성한 것이다.

이처럼 정현석은 동래무예학교의 사례를 그대로 원산학사에 이어 받아 무비자강(武備自强)을 시도한 것이다. 이러한 노력은 조선후기 문(文) 중심의 교육적 한계를 극복하기 위해 근대교육으로서 무(武)의 가치를 높게 평가하고 실천한 것은 현실주의적이며 창의적인 것이었다.[1]

위의 기사에서 동래무예학교에 대한 언급이 있다. 이는 정현덕의 동래부사 재임시(1867.6~1874.1) 그가 동래무예학교의 설립에 바탕이 되는 무예교육 실시에 관한 내용을 정현석이 동래무예학교도 설립하고 나중에 원산학사도 설립하게 된다는 내용으로 설명하고 있다. 이 내용은 정현덕을 정현석으로 오인하여 발생한 내용으로 사료된다. 다음에서는 동래무예학교 관련 내용 및 정현덕 동래부사의 재임 중 활동에 대하여 검토해 보고자 한다.

---

1 『중부매일』, 2020년 6월 11일 기사.

# 1 정현덕 소개

정현덕[鄭顯德: 1810(순조 10년)~1883(고종 20년)], 본관은 초계(草溪). 자는 백순(伯純), 호는 우전(雨田). 1850년(철종 1년) 증광문과(增廣文科)에 병과로 급제하여 1862년 부사과로 되었으며, 고종 초에 서장관(書狀官)으로 정사 서형순(徐衡淳)을 따라 청나라에 다녀왔다.

대원군이 집권하자 심복인물로서 동래부사가 되어 일본과의 교섭을 담당하였다. 대원군의 뜻을 받들어 일본 메이지신정부(明治新政府)의 국교재개의 교섭을 서계문제(書契問題)를 이유로 끝내 거부하였다. 일본과의 암거래를 하는 무리를 엄중 단속하여 박승달(朴承達)을 외화 소지혐의로 참형에 처하였다.

또한, 정현덕은 1871년(고종 8년) 8월에 왜관을 무대로 활동한 잠상 장상원(張尙元)을 적발하여 부산교장(釜山敎場)에서 효수형에 처하기도 하였다.[2]

그 뒤 이조참의가 되었다가 대원군이 실각하자 이 과정에서 파면되어 유배되었다. 1882년(고종 19년) 임오군란이 일어나 대원군이 다시 집권하자 형조참판으로 기용되었으나 대원군이 물러남으로써 이에 다시 파면되어 원악도(遠惡島)로 유배된 뒤 그 곳에서 사사(賜死)되었다.[3] 여기서 원악도는 글자 그대로 중앙에서 멀고 사람이 살기 힘든 외딴 섬을 말한다. 정현덕은 충남 아산으로 유

2 윤용출, 「조선후기 동래부 읍성의 축성역」, 『지역과 역사』 21호, 2007, 196-197쪽.

3 한국민족문화대백과사전.

배되었다가 원악도에 위리안치 중에 사사된 것이다 정현덕이 위리안치된 원악도는 오늘날의 전남 완도군 고금도라는 설이 있다. 정현덕은 문신관료이자 문장가, 시인, 서예가이면서 그 시기 대일외교를 전담한 동래부사로서 외교관이기도 했다.

정현덕 동래부사 재임기간은 1867년 6월부터 1874년 1월까지이다. 약 7년[4]이나 동래부사로 일했다는 것은 당시 집권자였던 흥선대원군의 신임이 아주 두터웠다는 것을 알 수 있으며 쇄국정책을 펼치는 흥선대원군의 편에서 대일외교의 최일선 담당 외교관으로서의 능력도 인정받았다고 할 수 있다.

김종학(2021)의 『흥선대원군 평전』에 기록된 정현덕과 대일외교(서계문제) 등의 내용은 다음과 같다.

> 고종의 친정체제가 수립되고 약 반년 뒤인 1874년 8월 6일(음력 6월 24일) 청 예부에서 보낸 1통의 자문에 자문이 조정에 도착했다. (중략) 전근대 대일외교 라인은 동래 왜관에 파견된 훈도(訓導)가 실무를 담당하고, 그 위에 차례대로 동래부사, 경상도관찰사, 예조판서가 있었다. (중략) 조정에서는 자문을 접수하고 5일 뒤인 8월 11일에 대원군 집정기에 대일교섭 실무를 담당해 온 훈도인 안동준을 의금부로 잡아와서 조일관계 단절의 책임과 공목(公木)의 유용혐의를 심문

4 일반적으로 외관직 수령(지방관)의 임기는 5년(1,800일)이었다. 예외적으로 당상관(정3품 상직 이상)과 미설가수령(未挈家守令)은 2년 6개월(900일)이었다. 하지만 임명은 받았어도 부임하지 못한 경우, 임기를 다 채우지 못하는 경우도 많았다. 한편, 동래, 김해 등 도호부에는 종3품의 도호부사, 즉 부사가 임명되어야 하나 동래는 국방 및 대일외교 담당 등 그 업무가 특히 중요하다 하여 정3품 당상관이 임명되었다. 정현덕 또한 정3품 통정대부 당상관으로서 동래부사가 된 것이다. 정현석 김해부사는 김해부사 전의 근무지였던 진주목사 시절 이미 정3품 통정대부 당상관이었으나 행수법에 의해 김해부사로 임명된 것이다. 이와 관련하여, 고려시대 및 조선시대 조정에서 관리를 임명할 때 행수법(行守法)을 시행한 경우가 있다. 즉, 품계가 높은 사람을 낮은 관직에 임명하거나 반대로 품계가 낮은 사람을 높은 관직에 임명하는 경우를 행수법이라고 한다. 품계가 높은 사람을 낮은 관직에 임명하는 계고직비(階高職卑)의 경우를 행(行), 반대로 품계가 낮은 사람을 높은 관직에 임명하는 계비직고(階卑職高)의 경우를 수(守)라 하였다. 예를 들면, 정2품 자헌대부(資憲大夫)가 종2품 관직인 대사헌(大司憲)에 임명되면 자헌대부행사헌부대사헌(資憲大夫行司憲府大司憲)이라 하였고, 반대로 종2품 가선대부(嘉善大夫)가 정2품 관직인 이조판서에 임명되면 가선대부수이조판서(嘉善大夫守吏曹判書)라 하였다. 지방관도 마찬가지여서, 정3품 품계를 가진 자가 담당하는 목사(牧使)에서 종3품 관직인 도호부사(부사)에 임명되면 행(行)이라 하였고, 반대로 종3품 관직인 부사에서 정3품 관직인 목사에 임명되면 수(守)라 하였다.

하기로 결정했다. 그리고 14일에는 경상도관찰사 김세호[5]를 파직하고, 전 동래부사 정현덕에게 유배형[6]을 내렸다.

김세호, 정현덕, 그리고 안동준은 대원군의 심복으로서 그 밀명을 받아 대일외교를 전담한 이들이었다. 말하자면 신정부는 이와 같은 인적쇄신을 통해 대일관계 개선 의사를 드러냈던 것이다.(중략)

처음에 조일관계가 악화되기 시작한 것은 대원군 섭정기인 1868년 말이었다. 이 해 일본에서는 (중략) 천황 중심의 중앙집권적 국가(메이지 정부)가 수립됐다. (중략) 이제 쇼군이 천황에게 권력을 반상(返上)하게 되자 일본 국내에서는 조선 국왕은 예전 쇼군과 대등한 자이므로, 조선은 이제 천황이 다스리는 일본보다 한 등급 낮은 국가라는 비하의식이 생겨났다.

이 같은 인식은 서계(書契), 즉 외교문서의 양식을 통해 구체적으로 드러났다. 1868년 12월 쓰시마의 사절들이 막부의 폐지와 천황의 만기친람–왕정복고–을 통고하기 위해 부산에 도착했다. 그런데 이들이 지참한 서계에는 '황(皇)'이나 '칙(勅)'과 같이 천자만 쓸 수 있는 글자가 적혀 있었을 뿐 아니라, 대마도주의 관직명을 변경하고 기존에 조선 측에서 증급한 인장을 일방적으로 폐기하겠다고 통고하는 등 교린 관계의 관행을 일방적으로 바꾸는 내용이 담겨 있었다. 하지만 그보다 더 큰 문제는 서계의 형식이었다. 즉, 조선을 가리키는 '귀국(貴國)'이라는 글자보다 자국의 천황을 뜻하는 '황(皇)'을 한 칸 더 위에 적음으로써 양국의 상하관계를 은연중에 드러냈던 것이다. 처음에 조선 정부는 자국의 정치변동을 이유로 수백 년 동안 지속된 국제관행을 일방적으로 고치려는 이러한 시도를 인정하지 않았다. (중략) 한편, 서계의 접수가 거부당하는 사이 일본 내에선 조선인들이 천황을 업신여겼다고 하여 정한론(征韓論)이 비등했다. 이처럼 메이지유신 직후 일본에서 보낸 서계의 접수 여부를 두고 조일 관계가 조일수호조규(강화도조약)가 체결되는 1876년까지 교착되었는데, 이를 외교사에서는 '서계문제'라고 부른다.(중략)

---

5 2005년 한국국학진흥원에서 발행된 『경상도선생안(상)』에서는 김세호의 경상도관찰사 재임기간을 1869년(고종 6년) 6월 15일에서 1873년(고종 10년) 12월 30일까지로 기록하고 있다.

6 정현덕은 이 때 함경도 문천으로 유배를 갔다.

이처럼 조일 관계의 경색국면이 지속되는 가운데 1874년 8월에 일본의 침공을 경고하는 청 예부의 자문이 도착한 것을 계기로 고종의 신정부눈 서계문제의 해법을 모색하기 시작한 것이다. 그 첫걸음이 대원군의 비선(秘線)으로서 대일교섭을 담당하던 김세호, 정현덕, 안동준에 대일 국교 단절의 책임을 물어 처형한 것이었음은 앞에서 설명한 바와 같다.[7]

(전략) 자신의 심복으로 대일외교의 비선으로 활동하다가 고종의 친정 이후 유배당한 전 동래부사 정현덕을 석방하고 승정원 우부승지에 임명했다. 그런데 정현덕은 대원군 정권이 불과 1개월 만에 무너지는 바람에 숙배(肅拜)도 하지 못한 채 체포되어 결국 사형을 당하는 비운을 맞이하게 된다.[8]

한편, 위의 기록에서 김종학(2021)은 정현덕이 유배에서 석방되어 승정원 우부승지에 임명되었다고 했는데 관련 사료를 검토해 보면 승정원 우부승지가 아니라 승정원 우승지에 임명되었다가 옳은 내용이다. 다음은 이와 관련된 『승정원일기』의 기사이다.

**행 도승지 이재순 등을 패초할 것을 청하는 강찬의 계**

강찬이 아뢰기를,

"행 도승지 이재순, 행 좌승지 윤용구, 새로 제수된 행 우승지 정현덕, 우부승지 신일영, 동부승지 김철희를 모두 즉시 패초[9]하는 것이 어떻겠습니까?"

하니, 윤허한다고 전교하였다.[10]

또한, 임오군란 때 흥선대원군의 2차 집권(약 1개월)이 끝난 후 체포되기 전의

7 김종학, 『흥선대원군 평전』, 선인, 2021, 149-152쪽.

8 김종학, 위의 책, 185쪽.

9 조선 시대 임금이 비상사태나 야간에 급히 만나야 할 신하가 있을 경우, 승정원(承政院)에 명하여 패를 써서 입궐하게 하던 제도를 말한다. 일명 패소(牌召)·명소(命召)·명초(命招)라고도 한다. 출처: 한국고전용어사전.

10 『승정원일기』 고종 19년(1882년) 6월 29일 기사, 한국고전번역원.

마지막 관직은 형조참판이었다. 다음은 이와 관련된 『승정원일기』의 기사이다.

**형조 판서를 제외한 법사 당상을 모두 체차하라는 전교**

전교하기를,

"형조 판서를 제외한 법사 당상을 모두 체차하고 행 우승지 정현덕(鄭顯德)을 형조 참판에 제수하라."

하였다.[11]

왜관도 ⓒ한국학중앙연구원.

11 『승정원일기』 고종 19년(1882년) 7월 4일 기사, 한국고전번역원.

부산포 초량화관지도(釜山浦草梁和館之圖) 부분 ⓒ한국학중앙연구원.

정현덕의 간략한 연표는 다음과 같다.

1810년 강원도 강릉 출생

1850년(철종 1년) 증광문과 급제

1862년 부사과(副司果)가 됨.

1864년(고종 1년) 서장관으로 청나라 사행

1867년(고종 4년) 창고 식량의 부족량 폐단을 보고[12]

1869년(고종 6년) 정현덕을 이조참의로 임명

1870년(고종 7년) 이양선 출현 보고

1871년(고종 8년) 왜관의 수문장 장기근무 시 문제제기

1871년(고종 8년) 자신의 재물로 성과 관아 중수한 정현덕 표창

1875년(고종 12년) 의금부 보고에 의거, 문천 유배 정현덕 존속

1882년(고종 19년) 정배 죄인 정현덕 풀어줌

1882년(고종 19년) 정현덕 도총부 부총관, 승정원 우승지, 형조참판 임명

1883년(고종 20년) 정현덕 위리안치 명령

1883년(고종 20년) 사사죄인 정현덕의 지속에게 형률 시행

1894년(고종 31년) 정현덕 죄명 취소 후 벼슬회복[13]

12 『고종실록』 고종 4년(1867년) 9월 14일 기사, 국사편찬위원회

13 박하, 『좌수영 수군, 절영도 사냥을 나가다』, 은누리, 2020, 190쪽 참고 및 수정.

위의 정현덕 연표와 관련된 기록들을 검토해 보면 다음과 같다.

**정유성·고제유 등을 잡아다 국문하게 하다**

부사과(副司果) 정현덕(鄭顯德)이 상소(上疏)했는데, 대략 이르기를,

"신이 마침 문랑(問郞)으로 있으면서 시종 좌석에 참석하였었습니다만, 신은 밀고자(密告者)의 정유(情由)와 거조(擧措)에 대해 의아스러움을 금할 수 없었습니다. 그러나 김순성(金順性)이 은밀한 비계(祕計)를 도모하는 데 간여하지 않은 것이 없으니, 어찌 당여(黨與)라는 주책(誅責)을 면할 수 있겠습니까? 따라서 고변(告變)했다는 공로 때문에 가려 줄 만한 죄라 하여 완전히 덮어둠은 마땅하지 못한 듯합니다. 그리고 당초의 급서(急書)는 이재두(李載斗)뿐이었는데, 조사를 행함에 이르러서는 갑자기 세 사람을 첨가하였으니, 충역(忠逆)의 한계가 여기에서 판가름이 났습니다. 정유성(鄭裕誠)·고제유(高濟儒)·임일희(任馹熺)를 모두 잡아다가 국문하여 실정을 알아낸 다음 분명하게 전형(典刑)을 바루소서."

하니, 비답하기를,

"정적(情跡)으로 본다면 의심스러운 단서가 없지 않다. 왕부(王府)로 하여금 잡아다가 국문하여 엄중히 사핵(査覈)함으로써 기어이 실정을 알아내도록 하라."

하였다.[14]

동래 부사 정현덕이 역관이 창고 식량의 부족량이 나는 폐단을 보고하다.

또 아뢰기를,

"방금 경상 감사(慶尙監司) 이삼현(李參鉉)의 보고를 보니, 동래 부사(東萊府使) 정현덕(鄭顯德)의 첩정(牒呈)을 낱낱이 들어, '일본 사람에게 공급하는 각 창고의 식량이 장부에 남아 있는 것을 가지고 끝까지 조사하여 보니 현재 미(米) 2만 1,018석(石) 남짓 가운데서 정해년(1887)에 감동 역관(監董譯官) 최석(崔昔)에게 대하(貸下)하고 아직 상납하지 못한 것과 예전에 포흠(逋欠)되어 배당하여 바치게 한 데서 빠뜨린 미(米)를 더 내려준 것 등 각 항목의 허류(虛留)와 응하(應下) 중(中)에 미는 9,572석이 부족하고 태(太)는 676석이 부족합니다. 일이 변경(邊境)의 수요

14 『철종실록』 철종 13년(1862년) 7월 25일 기사. 국사편찬위원회.

(需要)에 관계되니 참으로 극히 우려되고 걱정스럽습니다.'라고 하였습니다.

변경의 수요가 이렇게까지 군색하게 되었으니 참으로 작은 우려가 아닙니다. 이른바 감동 역관에게 대하하였다고 한 984석은 이미 연수(年數)가 오래된 데다가 또 지적하여 징수할 곳도 없으니 특별히 탕감(蕩減)을 허락하고, 미리 빌린 미(米) 4,936석 및 저치미(儲置米) 중에 부족한 미 3,997석과 태 676석에 대해서는 도내(道內)의 환곡(還穀) 가운데서 이 숫자에 준해서 획송(劃送)하여 입본(立本)한 후 해부(該府)에서 해마다 배정하여 절목(節目)을 만들어서 본부(本府)에 보고하고 시행하게 해서 이와 같이 셈할 것을 깨끗하게 청산한 뒤에 만약 한 톨의 곡식이라도 부족량이 나는 폐단이 있을 경우에는 해리(該吏)에게 형률을 시행하고 부사(府使)를 엄하게 감처(勘處)하는 것이 어떻겠습니까?"

하니, 윤허하였다.[15]

**독일 상선이 동해 앞바다에 와서 정박하였다가 곧 돌아가다**

동래 부사(東萊府使) 정현덕(鄭顯德)이 '이달 4일 이양선(異樣船) 1척이 왜관(倭館) 앞바다에 와서 정박하였는데, 배 안에는 모두 300여 명이 있었고 별도로 일본 사람 5명이 있었습니다. 통역들을 시켜 왜관을 지키는 일본 사람에게 분부하여 이유를 알아보게 하였더니, 왜관을 지키는 사람이 배에 있는 일본 사람이 한 말로써 돌아와 보고하기를, '이 배는 원래 서양에 있는 독일 상인의 배로써 현재 조선이 영국, 프랑스 등 여러 나라와 사이가 좋지 못하므로 혹시 이들이 뒷날 조선에 표류하게 되는 경우, 뜻밖의 사단이 없다는 것을 보장하기 어려워서 우리들에게 한 배를 타고 와서 그런 사정을 알리려고 하였습니다.'라고 하였습니다. 그래서 통역들이 사리에 근거하여 질책하였더니, 5일 이 배는 일본 사람과 함께 닻을 올리고 도망쳐 갔습니다.'라고 아뢰었다.[16]

정현덕은 동래부사로 재임 중 잠시 이조참의에 제수되기도 했다. 다음은 『고종실록』과 『승정원일기』에 기록되어 있는 정현덕을 이조참의로 삼는다는 내

15 『고종실록』 고종 4년(1867년) 9월 14일 기사, 국사편찬위원회.

16 『고종실록』 고종 7년(1870년) 5월 11일 기사, 국사편찬위원회.

용이다.

**정현덕을 이조참의에 임명하다**

정현덕(鄭顯德)을 이조참의(吏曹參議)로 삼았다.[17]

**이조 참의에 정현덕을 낙점하였다**

이조 참의의 전망 단자를 들이니 정현덕(鄭顯德)을 낙점하였다.[18]

17 『고종실록』 고종 6년(1869년) 12월 14일 기사, 국사편찬위원회.

18 『승정원일기』 고종 6년(1867년) 12월 14일 기사, 한국고전번역원.

# 2 흥선대원군과의 관계

정현덕은 흥선대원군의 심복이었다고 알려져 있다. 그와 관련된 내용은 다음의 황현이 쓴『매천야록』에 잘 기록되어 있다.

**元子 사망과 馬行一, 鄭顯德**

신미년(1871) 4월에 元子가 탄생하였다가 곧 사망하였다.

馬行一은 鏡城의 小校로 집안을 일으켜 鏡城府使에까지 이르고, 일곱 번이나 關北의 州郡을 맡기도 하였다. 대원군은 그를 매우 의지하여 "북에는 마행일이 있고 남에는 정현덕이 있으니 내가 걱정이 없다"고 하였다.

**대원군의 심복 8인의 사사**

4월[19]에 전판서李會正, 任應準, 趙秉昌과 그의 아들인 전참판趙寀夏, 전승지鄭顯德, 趙宇熙, 군수李源進, 前校理李載晩 등을 모두 賜死하였다. 이들 8명은 대원군의 측근들이다.

[4월에 전 판서 이회정(李會正), 임응준, 조병창과 그의 아들 전 참판 조채하, 전 승지 정현덕, 조우희, 군수 이원진, 전 교리 이재만에게 모두 사약을 내렸다. 이 여덟 명은 모두 운현의 측근들이다.][20]

---

19 1883년(계미년)이다.

20 황현,『매천야록』1권 상(1894년 이전), 국사편찬위원회 한국사데이터베이스.

임오년(1882년) 여름, 대원군이 한 달 사이에 집권하여, 이회정을 禮官으로 임명하고 國恤의 儀節을 정하였다. 또 임응준을 文任으로 임명하여 청나라에 보낼 국서를 撰하도록 하였다. 그리고 조병창은 다시 대원군의 막하로 들어가 음모를 획책하였다.

세상 사람들은 정현덕, 이재만 등도 대원군의 심복(爪牙)이라고 칭하므로, 노여움이 쌓인 兩殿은 그들의 誅殺을 의논하였다. 이에 閔台鎬는 그 명령을 받들어 시행하려고 모든 계획을 미리 짜놓았다.

이때 민태호는 松京留守로 임명되어 조정에서 사은인사를 하고 성문 밖으로 나갔었는데, 그 다음날 사건이 발각되어 卿宰 8명이 모두 처형되었다. 이것은 100년 이후 처음 있는 참변으로서 조병창 父子가 처형을 당하여 사람들은 더욱 슬퍼하였다.

이날 이런 엄명이 떨어지자 都民들은 벌벌 떨었고, 남촌의 紳士들도 넋을 잃었다. 그리고 대원군은 아직 돌아오지 않고 있었으므로 京鄕의 무뢰배들은 남몰래 고종을 찾아가 유언비어로 선동하므로 고종은 조병창 등 여러 사람이 무슨 음모를 내통하고 있는가 싶어 그들을 먼저 제거한 것이다.[21]

### 청국군의 대원군 납치

7월[22] 초에 청나라 병사가 서울로 들어왔다. 그리고 그들은 13일 대원군을 체포하여 서쪽으로 갔다.

그리고 이해 봄에 魚允中은 上海에서 天津으로 가서 金允植이 거처하는 곳에서 유숙하고 있다가, 6월 중에 전보로 본국에서 병란이 일어나 中殿이 시해되었다는 소식을 듣고 김윤식과 李鴻章을 찾아가 그 죄를 징계해 주도록 간청하였다.

이때 이홍장은 중국이 오랫동안 전쟁을 하지 않았지만 한 번쯤은 藩國(번국)을 진압할 필요성을 느끼고 馬建忠과 丁汝昌에게 舟師 수천 명을 선발하여 야간에 동쪽으로 진출하도록 하므로 그들은 南陽 馬山浦에서 崇禮門 밖에까지

---

21 황현, 『매천야록』 1권 상(1894년 이전), 국사편찬위원회 한국사데이터베이스.

22 1882년(임오년)이다.

진출하여 진무를 하기 위하여 왔다고 하였다. 이때 그들은 부하병을 엄하게 단속하여 매우 조용한 모습을 보였으므로 道民들은 그들을 두려워하지 않았다.

이때 마건충 등은 대원군을 초청하였다. 대원군은 가지 않으려고 하였으나 가지 않으면 안 될 형편에 놓여 있어서 결국 그들을 만나 주었다. 그들은 대원군을 맞이하여 매우 대접을 잘 하였다. 그들은 그가 두 번째 갔을 때도 그와 같이 잘 대해 주었다.

그리고 이때 또 대원군을 초청하였다. 대원군은 아무 의심 없이 수레를 대기시키라고 하자 鄭顯德이 만류하면서, "대감께서 이번에 가시면 다시 돌아오지 못할 것입니다"라고 하였다

그러나 대원군은 그의 말을 듣지 않고 그들의 군영으로 갔다. 대원군이 제1문에 도착하였을 때 그들은 교자에서 내리도록 하고, 또 제2문에 도착하였을 때 하인들을 따라오지 못하도록 하였다 그들의 행동은 전일과 달랐다. 대원군은 무슨 변이 있다는 것을 느꼈으나 어떤 방법을 취할 수도 없었다.

이때 별안간 마건충 등은 호통을 치면서 대원군을 포박하게 하고 蜜彈(밀탄)으로 그의 입을 틀어막아 아무 소리를 내지 못하도록 하였다. 그리고 대원군을 교자 안으로 밀어 넣었다. 장정 한 패거리가 달려들어 그 교자를 들고 후문으로 나갔다. 그들은 쏜살같이 銅津을 건너 馬山浦로 가더니 輪船을 타고 훌쩍 떠나 버렸다.

대원군을 배종한 하인들은 군영 밖에서 오랫동안 기다리고 있었으나 그가 나오지 않으므로 이상하게 생각하여 清軍에게 그 이유를 물어 보았다. 청군은 배종한 사람들을 속여 "太公이 급한 일로 군영에서 주무시고 내일 귀환할 것입니다"라고 하였다.

그러나 그 다음날 숭례문에는 도민을 喻示하는 榜文이 걸려 있었다. 그 내용은『태공이 왕후시해사건에 참여하였다는 소문이 중국 조정에까지 알려져 있으나 그 진위를 판단하기 어려워 황제께서 그 사유를 물어 보시려고 어제와 같은 일을 조취한 것이므로, 그 사유가 밝혀지면 다시 귀환하게 될 것이니 모든 백성들은 두려워하지 말기 바랍니다』라고 하였다. 이로 인하여 遠近에서는 큰 소동이 일어났다.

한편, 정현덕은 매천 황현과 함께 근세팔가(近世八家)에 속한다고 하는데 근세팔가는 근세 8대 한시의 대가라는 의미이다.

**황현 초상** ⓒ한국민족문화대백과사전

청나라 텐진에서 구금생활 시절의 흥선대원군 이하응 ⓒ서울역사박물관

흥선대원군 이하응 초상-보물 제 1499호 ©국립중앙박물관

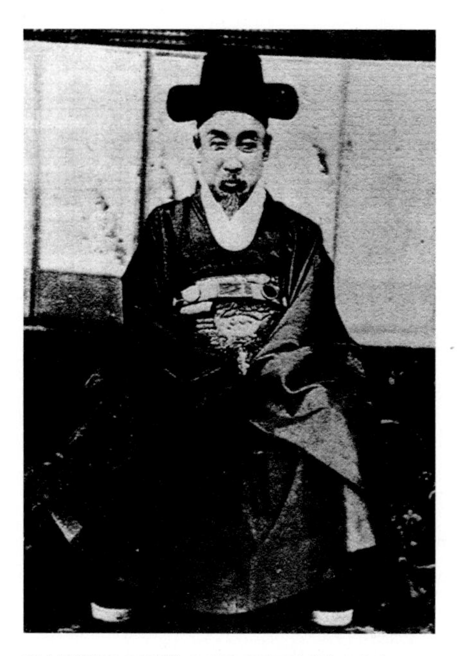

흥선대원군 이하응 ⓒ한국민족문화대백과사전

척화비 – 부산광역시 남구 대연동 부산광역시립 박물관 ⓒ한국향토문화전자대전 한국학중앙연구원

가덕도 척화비 – 부산광역시 강서구 성북동 ⓒ문화재청 국가문화유산포털

기장 척화비 – 부산광역시 기장군 기장읍 대변리 ⓒ한국향토문화전자대전 한국학중앙연구원

다음은 『고종실록』의 정현덕 등의 사형과 관련된 기사이다.

시임 대신(時任大臣)과 원임 대신(原任大臣)이 올린 연명 차자(聯名箚子)의 대략에, 【영의정(領議政) 홍순목(洪淳穆), 좌의정(左議政) 김병국(金炳國), 영돈녕부사(領敦寧府事) 서당보(徐堂輔), 우의정(右議政) 김병덕(金炳德)이다.】

"아! 저 정현덕(鄭顯德), 조채하(趙寀夏), 이재만(李載晩), 이원진(李源進)은 행실이 음흉하여 만 사람의 눈을 가릴 수 없었고, 마음에 품은 원망은 거리낌 없이 입으로 내뱉었습니다. 속여 가며 고약한 음모를 꾸며 이 난리를 편승할 수 있다고 생각하였으며, 화란이 일어나는 것을 즐겼습니다. 흉악한 놈들이 서로 호응하고 굳게 결탁하여 전혀 두려워하지 않았습니다. 정상이 완전히 드러나 백성들로 하여금 안정되지 못하게 하고 나라의 형편은 위기를 겪게 되었습니다. 근래 소란이 번갈아 일어나고 역적이 계속 나타난 것은 다 이들이 만들어낸 것입니다. 속히 엄히 신문하여 공개 처형해야 할 것입니다.

조병창(趙秉昌), 조우희(趙宇熙), 이회정(李會正), 임응준(任應準) 같은 자들은 오래전부터 흉악한 음모를 꿈꾸어 왔고, 국시(國是)를 마음대로 어겼습니다. 반드시 삼가야 할 문자를 매우 패려한 뜻으로 나타내기에 이르렀고, 더없이 중대한 의식 절차에서 감히 큰 변고를 기도하였습니다. 이러한 자들은 원래 만 번을 처단해도 오히려 가벼울 터인데 어떻게 목숨을 용서할 수 있겠습니까? 여러 죄인들을 모두 의금부(義禁府)로 하여금 국청을 설치하여 신문하여 내막을 알아내게 하소서."

하니, 비답하기를,

"4명의 죄인에 대해서는 이미 처분이 있었다. 조병창 등은 섬에 귀양을 보냈는데 역시 참작하여 그렇게 한 것이다. 경들은 이해하라."

하였다.[23]

다음은 사사된 정현덕 등의 지속을 분산시켜 유배시킨 것과 관련된 내용이다.

홍문관(弘文館)에서 연명 차자(聯名箚子)를 올려, 【응교(應敎) 강우형(姜友馨),

23 『고종실록』 고종 20년(1883년) 4월 29일 기사, 국사편찬위원회.

부응교(副應教) 윤상익(尹相翊), 교리(校理) 김사준(金思準)과 신용선(申容善), 부교리(副校理) 김중식(金中植), 부수찬(副修撰) 윤길구(尹吉求)와 서광범(徐光範)이다.】

"사사 죄인(賜死罪人) 정현덕(鄭顯德) 등의 지속(支屬)들을 다 분산시켜 유배(流配)하는 법을 시행하고, 안치(安置) 죄인 이돈응(李敦應) 등은 모두 형률을 더 시행하소서."
하니, 비답하기를,
"대간(臺諫)의 차자(箚子)에 대한 비답에서 이미 유시(諭示)하였다."
하였다.[24]

다음은 이미 사사된 정현덕의 죄명을 취소한다는 것과 관련된 내용이다.

총리대신(總理大臣)과 각 아문(衙門)의 대신(大臣)들이 아뢰기를,
"이 달 16일에 칙령(勅令)을 전후하여 억울하게 죄를 입은 사람들을 해명하여 놓아 보내며 죽은 사람은 벼슬을 회복시키라고 명령하였습니다. 신 등이 삼가 명령을 받고 이전 의금부(義禁府)의 문건을 가져다 상고하면서 공동으로 사실을 조사한 결과 죄명을 취소해야 할 사람과 벼슬을 회복시켜야 할 사람을 갈라서 쭉 기록하여 보고하니 결재하기 바랍니다."

【죄명을 취소할 부류는 홍국영(洪國榮)·권유(權裕)·남종삼(南鍾三)·홍봉주(洪鳳周)·조연승(曺演承)·조락승(曺洛承)·신철균(申哲均)·장동근(張東根)·정선교(丁善教)·홍재학(洪在鶴)·김응룡(金應龍)·오윤근(吳潤根)·김응봉(金應鳳)·채동술(蔡東述)·임철호(任哲鎬)·이휘정(李彙靖)·이원진(李源進)·이회정(李會正)·임응준(任應準)·정현덕(鄭顯德)·조병창(趙秉昌)·조채하(趙采夏)·조우희(趙宇熙)·이재만(李載晩)·조총희(趙寵熙)이고,

벼슬을 회복시킬 부류는 박영교(朴泳教)·박호양(朴顥陽)·홍진유(洪晉裕)·홍영식(洪英植)·김옥균(金玉均)·이원진(李源進)·이회정(李會正)·임응준(任應準)·정현덕(鄭顯德)·조병창(趙秉昌)·조채하(趙采夏)·조우희(趙宇熙)·이재만(李載晩)이다.】
하니, 윤허하였다.[25]

---

24 『고종실록』 고종 20년(1883년) 5월 11일 기사, 국사편찬위원회.
25 『고종실록』 고종 31년(1894년) 12월 27일 기사, 국사편찬위원회.

# 3 관청건물 중수 및 문화재 보호

다음은 동래부의 성과 관청 등을 수리하거나 새로 세운 동래부사 정현덕을 표창하라는 『고종실록』의 기사이다.

> 경상 감사(慶尙監司) 김세호(金世鎬)가 올린 장계(狀啓)에, '동래부(東萊府)의 성과 관청 건물을 수리하거나 새로 세울 때 관원들은 녹봉을 희사하고 백성들은 의연금을 내어 많은 힘을 들이지 않고 큰 공사를 준공하였으니, 해당 부사(府使) 정현덕(鄭顯德)과 공사를 감독한 사람들을 논상하는 일을 해조로 하여금 품처하게 하소서.'라고 아뢰니, 전교하기를,
>
> "관원들은 녹봉을 희사하고 백성들은 의연금을 내어 백성들을 번거롭게 하지 않고서도 빨리 완공하였으니, 온 마음을 다하여 치적을 이루었음을 짐작할 수 있다. 〖권장하는〗 뜻을 보이지 않을 수 없으니, 해당 부사 정현덕에게는 새서(璽書)와 표리(表裏)를 내려 주는 은전을 베풀고, 자원하여 의연금을 낸 여러 사람들에 대해서는 묘당(廟堂)으로 하여금 좋은 쪽으로 품처하게 하라."
> 하였다.[26]

다음은 동래부의 성과 관청을 짓는 일에 녹봉을 희사한 정현덕에게 훌전을

26 『고종실록』 고종 8년(1871년) 12월 28일 기사, 국사편찬위원회.

베푼 『고종실록』의 기사이다.

> 동래 부사(東萊府使) 정현덕(鄭顯德)에게 새서(璽書)와 표리(表裏)의 은전을 시행하고, 유학(幼學) 박태규(朴泰奎)는 초사(初仕)에 조용(調用)하라고 명하였다. 경상 감사(慶尙監司) 김세호(金世鎬)가, 동래부의 성첩(城堞)과 공해관(公廨官) 짓는 일에 관원은 자기 녹봉을 덜어내고 백성들은 의연금을 바침으로써 방대한 공사를 끝마칠 수 있었다 하여 논상할 것을 아뢰었기 때문이다.[27]

행동래부사정공현덕영세불망비 – 경남 양산시 황산잔도 옆

위의 비석은 1871년(고종 8년)에 조성한 것으로 동래부사 정현덕의 덕을 칭송하기 위해 세웠다고 한다.

한편, 정현덕도 앞에서 언급한 정현석처럼 양산 통도사 이름바위에 이름이 새겨져 있다.

27 『고종실록』 고종 9년(1872년) 7월 3일 기사, 국사편찬위원회.

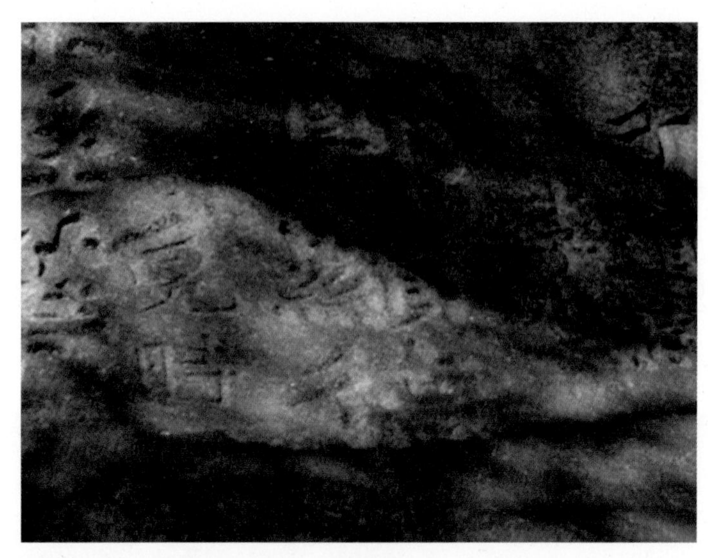

양산 통도사 이름바위에 새겨져 있는 정현덕의 이름 ©이무의

또한, 울산광역시 울주군 언양읍 반구서원 주변 강 건너에도 정현덕의 이름이 새겨진 이름바위가 있다.

울산광역시 울주군 언양읍 반구서원 주변 강 건너 이름바위에 새겨져 있는 정현덕의 이름 ©정병현

정현덕영세불망비 – 부산 금정구 금성동(금정산성 국청사 내), 1872년 세움

위의 국청사 내 정현덕영세불망비(선정비)는 명신(明信), 평윤(平允) 두 승려가 1872년에 세웠다고 한다. 비석 전면에는 부사정공현덕영세불망비(府使鄭公顯德永世不忘碑)라는 글씨가 새겨져 있고 좌우편에는 4언시가 적혀 있다. 다음은 4언시의 원문과 번역문이다.

| | |
|---|---|
| 相鄕趾美(상향지미) | 동래고을에 아름다운 전통을 이어받아 |
| 重建佛宇(중건불우) | 국청사 건물들을 중건하고 |
| 逢海宣恩(봉해선은) | 동래고을 백성에게도 은혜를 베풀어 |
| 廣置寺屯(광치사둔) | 국청사에도 많은 땅을 희사하였네. |

국청사는 임진왜란 때의 호국사찰로서 승병들이 주둔하였다고 한다. 정현덕 동래부사는 호국사찰 국청사를 중건하고 땅까지 희사했다는 내용이다.

국청사 대웅전

동래부사 정현덕은 동래부 동헌의 외대문(구 동래독진대아문)을 중건하기도 하였다. 동래는 원래 종3품의 도호부사 지방관(수령)으로 파견되는 도호부지만, 남쪽 변방을 지키는 국방 요충지이므로 정3품 당상관이 파견되었다. 동래부는 1655년(효종 6년) 경주진관에서 벗어나 독자적으로 군대를 지휘하는 '독진'이 되었다. 이런 동래부의 위상은 동헌의 바깥 대문에 걸린 '동래독진대아문'이란 편액에 잘 나타난다.[28]

28 김동철, 『엽서가 된 임진왜란』, 선인, 2022, 485-486쪽

동래부 동헌 외대문 ⓒ문화재청 국가문화유산포털

동래부 동헌 외대문

동래부사 정현덕은 동래부 객사인 봉래관을 개축하기도 했다.

동래객사(봉래관) ⓒ동래문화원

일제강점기 동래객사가 동래공립보통학교(현 내성초등학교)로 사용될 당시의 사진
ⓒ동래문화원

부사정공현덕영세불망비 – 범어사 옛길 비석골

범어사 옛길 금어동천 바위에 새겨진 정현덕의 이름

# 4 학문 및 예술적 능력

정현덕은 봉래별곡이라는 가사를 지었다. 금정산성에서 태종대까지의 유적지를 다니면서 그 감회를 노래한 내용이다.

다음은 봉래별곡의 원문과 번역문이다.

(서사)

蓬萊山(봉래산) 옛말 듯고
예 와 보니 지쳑(咫尺)이라
東海水(동해수) 淸明(청명)한데
魯仲連(노중련)이 간 곳 없다
徐氏(서씨)의 採藥舟(채약주)에
童男童女(동남동녀) 못 보와라
安期生(안기생) 赤松子(적송자)난
白雲深處(백운심처) 자치 없다
神仙(신선)말이 皇堂(황당)하니
다 후려 더져 두고
所見(소견)을 말을 내니
別曲(별곡)이 되엿도다

봉래산을 예전에 들었는데
예 와 보니 지척이라
동해 바다 청명한데
노중련은 간 곳 없다.
서불이 불사약을 찾는다고 타고 온 배
동남동녀 태웠으나 지금은 못 보아라.
안기생과 적송자는
흰 구름 깊은 곳에 숨었는지 자취 없다.
신선이 있단 말은 황당하니
다 후려쳐 던져두고
소견으로 내 말을 하려 하니
별곡이 되었도다.

(본사)

| | |
|---|---|
| 丈夫慷慨(장부강개) 못 이겨서 | 장부의 강개함을 못 이겨서 |
| 多遊(다유)하야 살펴보니 | 여기저기 다녀보며 살펴보니 |
| 金井山城(금정산성) 大排布(대배포)에 | 금정산성 크게 펼쳐진 곳에 |
| 梵魚寺(범어사)가 더욱 조타 | 범어사가 더욱 좋다. |
| 蘇蝦亭(소하정) 드러가니 | 소하정에 들어가니 |
| 處士(처사)난 간곳 업고 | 처사는 간 곳 없고 |
| 遊仙台(유선대) 올나가니 | 신선이 놀던 곳에 올라가니 |
| 道士(도사)난 어대 간고 | 도사는 어디 갔나. |
| 溫井藥水(온정약수) 神效(신효)하니 | 동래 온천물이 효과가 신기하니 |
| 病人治療(병인치료) 근심업다 | 아픈 이들 치료하여 근심 없다. |
| 盃山(배산)이 案山(안산)되고 | 배산이 안산 되고 |
| 슈무막이[水口-] 되엿도다 | 수구막이 되었도다. |
| 靖遠樓(정원루) 바래보니 | 정원루를 바라보니 |
| 노교슈(盧教授) 어대 매요 | 노 교수가 있던 곳은 어디인가. |
| 安樂書院(안락서원) 드러가니 | 안락서원 들어가니 |
| 忠臣烈士(충신열사) 거룩하다 | 충신 열사 거룩하다 |
| 荒嶺峰(황령봉) 올나갈 제 | 황령봉에 올라갈 제 |
| 竹杖芒鞋(죽장망혜) 醉(취)한 몸이 | 짚신에 대지팡이 취한 몸이 |
| 左(좌)편은 水營(수영)이요 | 왼쪽으로 수영이요 |
| 右(우)편은 釜山(부산)이라 | 오른쪽은 부산이라. |
| 對馬島(대마도) 一岐島(일기도)난 | 대마도와 일기도는 |
| 海外(해외)에 둘너 잇다 | 바다 밖에 둘러 있다. |
| 沒雲台(몰운대) 海雲台(해운대)난 | 몰운대와 해운대는 |
| 勝地(승지)라 이르니라 | 명승지라 이르니라. |
| 永嘉台(영가대) 노푼 집은 | 영가대의 높은 집은 |
| 釜山景槪(부산경계) 제일이라 | 부산의 경치에서 제일이라. |
| 節制使(통제사) 主鎭(주진)되고 | 통제사 계신 곳이 주진 되고 |

| | |
|---|---|
| 兩浦(양포) 萬戶(만호) 附庸(부용)대야 | 만호 있는 두 포구가 속해 있어 |
| 倭舘(왜관)을 防衛(방위)하니 | 왜관을 방위하니 |
| 남고쇠락(南徼鎖鑰) 여기로다 | 남쪽의 국경이요, 서쪽의 자물쇠라. |
| 任辰年(임진년) 八年兵火(팔년병화) | 임진년의 팔 년 전쟁 |
| 忠臣烈士(충신열사) 긔 뉴신고 | 충신열사 그 뉘신고. |
| 宋忠臣(송충신) 鄭忠將(정충장)은 | 충성스런 송상현과 정발 장군 |
| 紫衣黑衣(자의흑의) 거록하다 | 자줏빛 옷 검은빛 옷 거룩하다. |
| 形色(형색) 千秋(춘추) 못 이져서 | 그 모습을 오랫동안 못 잊어서 |
| 殉節(순절)터의 築壇(축단)하니 | 순절한 터에 단 쌓으니 |
| 烈女(열녀)로 扶植(부식)하고 | 열녀비가 곁에 서서 돕고 있고 |
| 壯士(장사)로 配亭(배향)한다 | 장사들의 충절비가 모시도다. |
| 子城台(자성태) 一片石(일편석)은 | 자성대와 한 조각의 비석 돌은 |
| 萬古史蹟(만고사적) 긔 뉘 아리 | 오랜 사적이니 그 뉘 알리. |
| 大明恩德(대명은덕) 갚으랴면 | 명나라의 큰 은혜를 갚으려니 |
| 昊天(호천)이 罔極(망극)하다 | 하늘처럼 넓었기에 끝이 없다. |
| 鄭墓(정묘)라 이른 말은 | 정묘라 이른 말은 |
| 東萊鄭氏(동래정씨) 始祖(시조)로다 | 동래정씨 시조로다. |
| 東平縣(동평현) 古邑(고읍)터의 | 동평현 고읍터에 |
| 人家(인가)도 櫛比(즐비)하다 | 인가도 즐비하다 |
| 烈女閣(열녀각) 孝女碑(효녀비)난 | 열녀각 효녀비는 |
| 大路邊(대로변)의 포량(褒揚)이라 | 큰 길가에서 칭찬하고 장려함이라 |
| 甑臺城(증대성) 上(상) 둘너보니 | 증대성 위를 둘러보니 |
| 倭城(왜성)턴이 분명하다 | 왜성 터인 것이 분명하다. |
| 龜峰峰(귀봉봉) 泰平(태평)하니 | 귀봉봉이 태평하니 |
| 邊方(변방)에 일이 업다 | 변방에 일이 없다. |
| 개원(開雲) 豆毛(두무) 다 지내니 | 개운포 두모포 다 지나니 |
| 草梁浦村(초량포촌) 分明(분명)하다 | 초량포의 갯마을이 분명하다. |
| 守設門(수설문) 嚴肅(엄숙)하니 | 수문과 설문 모두 엄숙하니 |

| | |
|---|---|
| 客舍(객사) 大廳(대청) 雄壯(웅장)하다 | 객사의 대청이 웅장하다. |
| 四屛山(사병산) 下(하) 宴大廳(연대청)은 | 사병산 아래의 연대청에서 |
| 倭使接對(왜사접대) 무삼일고 | 왜국 사신 접대하니 무슨 일인가. |
| 東西館(동서관) 완담(圓-) 안에 | 동관 서관 둥근 담 안에 |
| 동헌사[東軒舍]가 더욱 죠타 | 동헌이 더욱 좋다. |
| 大峙(대치)을 넘어가니 | 대치를 넘어가니 |
| 多大鎭(다대진)이 거록하다 | 다대진이 거룩하다. |
| 降仙台(강선대) 어대매요 | 강선대는 어디인가. |
| 神仙(신선)이 노단 말가 | 신선이 논다는 말인가. |
| 陸地(육지)를 다 본 후에 | 육지를 다 본 후에 |
| 島中(도중)울 향하리라 | 섬 안으로 향하리라. |
| 絶影島(절영도) 드러가니 | 절영도에 들어가니 |
| 水路十里(수로십리) 的實(적실)하다 | 물길 십 리 분명하다. |
| 山下(산하)는 牧場(목장)되여 | 산 아래는 목장 되어 |
| 三千駿馬(삼천준마) 聳動(용동)이라 | 삼천의 준마들이 솟구친다. |
| 山上(산성)은 封山(봉산)되여 | 산성은 우뚝한 봉우리 되었으니 |
| 외시(外寺) 入禁(입금) 多事(다사)하다 | 외시에서 사람들을 막느라고 일이 많다. |
| 점점 지피 드러가니 | 점점 깊이 들어가니 |
| 數三漁村(수삼어촌)쓴로다 | 갯마을 서넛뿐이로다. |
| 伐木(벌목) 겨경(蹊逕) 차자가서 | 나무 벤 좁은 길로 찾아가서 |
| 태종대[太宗臺] 다달으니 | 태종대에 다다르니 |
| 海上(해상)의 높은 바외 | 바다 위에 높은 바위 |
| 千丈萬丈(천장만장)쓴이로다 | 천 길 만 길 뿐이로다. |
| 관청대(觀聽台)가 그 앞이요 | 관청대가 그 앞이요, |
| 동우셤이 압임이라 | 동우섬이 그 앞 섬이라. |
| 五六島(오륙도)난 東(동)편이요 | 오륙도는 동쪽이요, |
| 牛岩浦(우암포)난 北便(북편)이라 | 우암포는 북쪽이라. |
| 滄浪歌(창랑가) 한 曲調(곡조)에 | 창랑가 한 곡조에 |
| 仙境(선경)이 的實(적실)하다 | 선경이 분명하다. |

(결사)

| | |
|---|---|
| 仙緣(선연)이 업둣던지 | 신선과의 인연이 없었던지 |
| 江塵(강진)의 일이 만타 | 강 먼지 가득한 데 일이 많다. |
| 秦始皇(진시황) 漢武帝(한무제)도 | 진시황 한무제도 |
| 이곳을 어이 보리 | 이곳을 어이 보리. |
| 니내몸 무삼 緣分(연분) | 이내 몸이 무슨 연분으로 |
| 仙境(선경)을 遍踏(편답)하고 | 선경을 두루 밟고 |
| 不死藥(불사약) 잇다 말이 | 불사약 있단 말이 |
| 方士(방사)의 빈말이라 | 방사의 빈말이라 |
| 吳道子(오도자)의 腹中山川(복중산천) | 오도자의 마음속에 있는 산천 |
| 긔 누라셔 알아 내리 | 그 뉘라서 알아내리 |
| 니내몸 虛浪(허랑)하여 | 이내 몸이 허황하여 |
| 江山(강산)을 周遊(주유)하니 | 강산을 두루 떠돌아다니더니 |
| 歲月(세월)이 如流(여류)하여 | 세월이 흐르는 물과 같아 |
| 三年(삼년)이 如夢(여몽)이라 | 삼 년이 꿈 같도다. |
| 도라가 傳(전)하고져 | 돌아가 전하고자 |
| 洛陽(낙양) 親舊(친구) 일어리라 | 서울의 친구에게 이르리라. |
| 입아 蓬萊(봉래) 벗님들아 | 이봐, 봉래의 벗님들아 |
| 내 긜 막아 무어하리 | 내 길 막아 무엇하리. |
| 나도가기 실타마난 | 나도 가기 싫다마는 |
| 聖恩(성은)이 罔極(망극)하니 갊으러 가노라 | 성은이 망극하니 갊으러 가노라. |

봉래별곡에 대해 국어국문학사전에서는 다음과 같이 기록하고 있다.

1869년(고종 6년)에 정현덕(鄭顯德)이 지은 가사. 국한문 필사본. 작자가 동래부사를 지내고 벼슬이 갈리어 서울로 올라오면서 동래부내의 명승지와 사적지를 두루 구경하고 지은 작품이다.[29] 2음보 1구로 계산하여 전체 117구이다. 음수율은 3·4조가 주조를, 4·4조가 부주조를 이루며, 3·3조가 한번 나온다.

내용은 4단으로 짜여져 있다. 제1단인 서사(序詞)에서는 신선세계를 뜻하는 봉래라는 지명과 연관시켜 창작동기를 밝혔으며, 제2단인 승사(承詞)에서는 장부의 강개(慷慨)를 이기지 못하여 봉래의 승지인 동래부 관아에서 금정산성－범어사－유선대－영가대－초량포－다대진－절영도－태종대 등지를 두루 구경하고 경치를 노래하였다. 제3단인 전사(轉詞)에서는 지은이가 선경을 두루 밟아 구경하였으나, 불사약은 구하지도 못하고 어느 사이에 3년 세월이 꿈처럼 지나버렸다는 느낌을 표출하였으며, 마지막 결사(結詞)에서는 이 좋은 고장을 떠나고 싶지 않으나, 성은을 갚기 위하여 부득이 떠나야만 하니, 봉래의 벗님들은 가는 나를 잡지 말라고 이별의 동기를 담았다.

조선시대 기행가사 중에서 경상도지방만을 여행하고 지은 가사로는 유일하게 전해지는 작품이다. 작자는 일본과의 국교 그 자체까지 못마땅히 생각하던 인물로, 항왜의식(抗倭意識)을 작품에서 노골적으로 토로하고 있다.[30]

봉래별곡에서 봉래는 동래를 의미하고 봉래산은 절영도(영도)에 있는 산이다.

**봉래별곡의 註解**

봉래산(蓬萊山, 逢萊山): 중국의 전설에 동해에 있어 신선이 산다는 三神山의 하나이기도 함.

지척이라: 동해가 咫尺으로 가깝다는 뜻

---

29 정현덕은 1869년 12월 14일에 이조참의에 낙점되어(『승정원일기』) 임명되기도(『고종실록』) 하였으나, 같은 날 의정부가 다시 동래부사에 잉임(연임)시킬 것을 건의하여 12월 21일에 잉임되었다. 1872년(고종 9년) 4월 다시 한 번 더 잉임되었고 1874년 1월까지 동래부사로 재임하였다. 그러므로 봉래별곡은 1869년 또는 1874년에 지어졌다. 이와 관련하여 엄경흠(2006)은 (전략) "이 작품의 창작 연대를 1869년으로 추정하고 있다. 그러나 그가 최종적으로 동래부사를 마감하는 시점이 1874년 1월이라는 점을 볼 때 이 추정은 확실하다고 보기에 미흡한 점이 있다."(후략)로 표현하고 있다.

30 국어국문학사전.

魯仲連: 戰國時代 齊나라의 사람으로 웅변가이며 용기와 절개로 유명하였으나 뒤에 바다로 도망하여 숨어서 살았다 함.

徐氏: 진나라 때 사람으로 徐福이다. 진시황의 명령으로 童男童女 3천명을 배에 싣고 떠났으나 돌아오지 않았다.

安期生: 옛날 오래 산 사람으로 바닷가에서 약을 팔고 다녔다 함.

赤松子: 옛날에 살았다는 神仙의 이름.

神仙말이: 신선이 있다는 말이

金井山城: 금정산에 둘리워진 산성으로 현재의 성은 1703년에 축성하였으며, 사적 제215호이다.

梵魚寺: 금정구 청룡동 546번지 일원에 있는 사찰.

蘇蝦亭: 동래 온천장과 부산대학교 사이의 蘇亭마을에 있었던 정자로 蘇蝦仙人이 산 곳이라 함.

溫井: 동래 온천

盃山: 남구 망미동의 북쪽의 산으로 동래구 연산1동과 8동의 남쪽 사이에 있는 산이다. 동래부사청에서 보면 바로 앞산이 된다.

案山: 집이나 墓자리의 맞은 편 산.

슈무막이: 풍수지리의 용어로 골짜기에서 흐르는 물이 빨리 돌아 흘러서 하류가 보이지 않게 된 형세의 땅.

靖遠樓: 동래공설시장 자리에 있었던 누각으로 壬亂 때 燒失되었으나 1708년에 중건하였는데, 지금은 없다.

盧敎授: 임란 때 동래향교의 교수로 節死한 盧蓋邦을 말함.

安樂書院: 忠烈祠 안에 있는 1652년에 세워졌던 書院

荒嶺峰: 양정동의 남쪽, 전포동의 동쪽, 문현동의 북쪽인 황령산 봉우리.

水營: 慶尙左道水軍節度使營의 줄인 말로 남구 수영지역에 있었던 水軍 基地.

釜山: 여기서는 옛날의 부산으로 지금의 좌천동과 범일동에 해당됨.

沒雲臺: 사하구 다대동 산114번지 일원으로 기념물 제27호이다.

海雲臺: 해운대구의 동백섬에 있었던 臺

永嘉臺: 동구 성남초등학교 서쪽 철로 사이에 있었던 대로 조선조 때 일본으로 사신이 왕래할 당시에는 여기서 해신제를 지내고 이곳 선창에서 떠났다. 경부선철도공사와 간척으로 없어졌다.

節制使: 僉節制사로 종3품의 무관벼슬로 지금의 자성대 성내에 있었던 釜山鎭僉使를 말함.

兩浦: 좌천동 앞바다에 있었던 부산포와 수정동 앞바다에 있었던 두모포를 말함.

萬戶: 당시 부산포에 있었던 開雲浦萬戶와 두모포에 있었던 豆毛浦萬戶를 말함

附庸: 붙어 있다는 뜻.

倭館: 조선시대 왜인들이 통상을 할 수 있도록 부산에 개설해 준 通商舘.

南要鎖鑰: 부산진성(구, 자성대왜성) 서문 양쪽에 南徼咽喉 西門鎖鑰이라는 큰 글자를 새긴 隅柱石이 있었다.(이곳은 나라의 목이되는 남쪽 국경이며, 서문은 나라의 자물쇠와 같다.)

宋忠臣: 임진란 때 殉節한 東萊府使 宋象賢 公

鄭忠將: 임진란 때 殉節한 釜山鎭僉使 鄭撥 公.

紫衣黑衣: 紫衣는 송부사가 입었던 붉은 색의 朝衣, 흑의는 정첨사가 입었던 검은색 도포를 말함.

形色: 모습이라는 뜻

築壇: 鄭撥將軍이 전사한 부산진성 남문 터 자리에 그의 祭壇을 쌓다.

扶植: 정발 첨사의 비 곁에 함께 순절한 烈女 愛香의 비를 세움을 말함.

配享: 당시에 전사하였지만 이름을 알 수 없었던 사람들을 하나의 비석으로 세운 戰亡諸人碑를 말함.

子城臺: 임진왜란 이전은 부산진성의 枝城이었지만 임란 후에는 釜山鎭僉使營이 된 동구 범일동 소재의 공원.

一片石: 자성대 위에 있었던 明나라 장수 萬世德의 碑石.

大明: 명나라의 높임 말.

昊天罔極: 하늘처럼 넓고 끝이 없다는 뜻.

鄭墓: 거제동의 서쪽 산인 和池山에 있는 동래 정씨 시조인 鄭文道의 무덤.

東平縣: 조선시대 오늘날의 부산진구, 동구, 중구, 서구지역을 관장하였던 행정관서로 현령이 다스렸고, 그 치소는 지금의 당감동이다.

포량(褒揚): 칭찬하고 장려한다는 뜻.

甑臺城: 동구 증산에 있는 凡川甑山城으로 임진란 때 倭寇가 쌓은 倭城이다.

텬이: 터인 것이

龜峰峰: 초량 뒷산인 龜峰山.

개원: 開雲이 잘 못 쓰인 것으로 임진란 뒤 울산 개운포에 있었던 만호영이 부산포로 이관되었는데, 오늘날의 좌천동 앞바다인 부산포에 鎭營이 있으면서도 개운포진이라 하였다. 그래서 사람에 따라서는 부산포를 개운포라고 하기도 하였다.

豆毛: 임진왜란 뒤 기장에 있었던 두모포만호영을 부산포로 옮겼다가 뒷날 지금의 수정동 앞바다로 옮겼다. 그래서 수정동 앞바다를 두모포라 하고, 그 진영을 두모포만호영이라 한다.

守設門: 지금의 중구 용두산 주위에 있었던 초량왜관의 출입문으로 守門과 設門이 있었다. 수문은 왜관의 정문으로 오늘날의 동광동에 있었고, 수문에는 동래부에서 파견된 군관 3명이 왜관 출입을 검열하였다. 설문은 왜관의 수문 밖인 영주동에 있었다. 倭商들의 密賣買 행위와 지방민과 왜인의 왕래를 단속하기 위해 세워졌는데, 여기에도 군관 3명이 출입을 지켰다.

客舍: 지금의 영주동 봉래초등학교 자리에 있엇다. 이 객사에는 조선조 역대 군왕의 位牌가 안치되어 초량왜관으로 오는 倭使臣은 이곳으로 와서 肅拜를 올리게 하였다.

西屏山: 지금의 대청동 뒷 산.

宴大廳: 우리나라 사신과 倭使臣이 접대를 하고 받는 宴會를 위해 지어진 大廳으로 지금의 대청동 남일초등학교 부근에 있었다. 연대청의 크기는 35餘間이나 되었고, 오늘날의 대청동이란 이름은 연대청에서 온 말이다.

東西舘: 용두산을 중심으로 세워진 왜관 중에 오늘날의 동광동과 광복동 입구쪽에 있던 건물을 東舘이라 하고, 서쪽인 신창동쪽에 있었던 건물을 西舘이라 함.

완담: 둘러싼 담

東軒舍: 동관

大峙: 지금의 서구와 사하구로 넘나드는 고개인 대티고개를 말함.

多大鎭: 다대포에 있었던 다대첨사의 진영

降仙臺: 하단에 있는 에덴공원의 원래 이름이다.

島中: 절영도(영도)

聳動: 꿈틀거림

외시(外寺): 외사는 司僕寺로 輿馬, 廢牧에 관한 일을 맡아보던 관청

겨경: 작은 길

동우섬: 태종대 전망대에서 동남쪽으로 바라보이는 주전자섬,鍮盆島 또는 生島
라고도 함

압임: 앞 섬

吳道子: 당나라 현종 때의 화가

虛浪: 언행이 허황되고 착실하지 못함.

周遊: 두루 돌아다님.

洛陽: 서울을 이름

입아: 이봐[31]

한국향토문화전자대전에 의하면 봉래별곡은 창작 동기를 읊은 12구까지의 서사(序詞), 동래를 구경한 내용과 일본의 관문인 동래를 지키겠다는 항일 정신을 나타낸 106구까지의 본사(本詞), 성은(聖恩)을 갚기 위하여 귀경(歸京)한다는 117구까지의 결사(結詞)로 구성되어 있다.[32]

31 https://hhg113.tistory.com/13371723

32 한국향토문화대전.

1900년대 해운대 전경 ⓒ동래문화원

1) 자성대왜성(부산왜성 지성)

그림 1 자성대왜성

그림 2 자성대왜성

2) 中野等,「文祿·慶長の役」, 146쪽.

일제강점기 사진엽서에 있는 자성대왜성[33]

33 김동철, 앞의 책, 2022, 233쪽.

부산진성(구, 자성대왜성) 서문 금루관 ©문화재청 국가문화유산포털

부산 영도 태종대 ©문화재청 국가문화유산포털

부산시 영도구 봉래산 전경 ⓒ부산광역시

다음은 정현덕이 지은 금강원 시비의 내용이다.

**금강원 시비金剛園 詩碑**

정묘지년아마동(丁卯之年我馬東)　정묘년(1867, 고종 4년)에 내가 말을 타고 동래로 오니

차방민물견번웅(此邦民物見繁雄)　이 고을 백성과 물자가 번성하구나

거인진유승평락(居人盡有昇平樂)　주민 모두 태평 시절을 즐기고 있지만

수수무한폐공(守殊無捍蔽功)　늙은 태수 자리만 지켜 특별한 공적이 없네

홍우지대가선월(紅藕池臺歌扇月)　붉은 연못 정자에 부채 부치며 달을 노래하고

녹양성곽주기풍(綠楊城郭酒旗風)　푸른 버들 성곽에 술집 깃발 날리우네

계림고사의연재(鷄林古事依然在)　계림의 옛이야기 의연히 남아 있어

만만파파일적중(萬萬波波一篴中)　만파식적 소리 아직도 한 피리 속에 들리네

월절고성대해빈(越絶高城大海濱)　큰 바닷가 유난히 높은 성

백계연화정변진(百季煙火靜邊塵)　백년토록 변진 봉화 고요하여라

조정이아위민목(朝廷以我爲民牧)　조정에선 나를 목민관으로 삼았지만

정적여하사고인(政績如何似古人)　치적이야 어찌 옛사람과 같을 수 있나

감도포편능화위(敢道蒲鞭能化僞) 감히 부들 채찍으로 거짓을 교화한다 말하리

수언훼복여위린(羞言卉服與爲隣) 오랑캐와 더불어 이웃한다 말하기 부끄러워라

군은미보신공로(君恩未報身空老) 임금의 은혜 갚지 못한 채 몸만 헛되이 늙고

옥적매화우송춘(玉篴梅花又送春) 옥피리와 매화꽃 속에서 또 봄을 보내는구나

지부 해소 정현덕(知府 海所 鄭顯德) 동래부 책임자 해소 정현덕

정현덕 금강원시비 – 부산 금강공원 내, 1871년 세움

다음은 정현덕이 지은 태평원시비의 원문과 번역문이다.

**太平園詩碑**

太平橋下太平園 태평교 아래 태평원에는

園艸園花日以繁 정원의 풀과 꽃, 날마다 무성해지네

石上新題三大字 돌 위에 세(3) 자 큰 글씨 새겨져 있고

| | |
|---|---|
| 路傍多得一方言 | 길가에선 사투리 많이 들리네 |
| 征輪不作邊城苦 | 멀리가는 수레도 변방이 괴롭지 않고 |
| 耕稼皆知聖主恩 | 농가에서도 모두 성군의 은혜를 아네 |
| 督見村翁頭似雪 | 머리가 눈처럼 흰 농촌 노인들 |
| 野常檢落戲兒孫 | 느릅나무 아래서 어린 손자와 노네 |
| 太平園裏萬年臺 | 태평원 안, 만년대에는 |
| 都護外營近水開 | 도호부사가 물가에 외영을 열었네 |
| 勝地煙霞易自管 | 명승지에 아지랑이 안개도 절로 일고 |
| 續堤花木手新裁 | 언덕 둘러 꽃나무도 새로 심었네 |
| 青袖好作風流事 | 젊은이들 풍류거리 잘도 만들고 |
| 白面殊非將師才 | 백면서생은 장수의 자질 아니라네 |
| 近日邊門無警急 | 요즈음 변방에는 급보 없기에 |
| 畫橋看月夜深回 | 그림 같은 다리에 앉아 달 보고 밤늦게 돌아오네 |
| 萬年台下萬年橋 | 만년대 아래 만년교, |
| 架水長虹影動搖 | 물에는 긴 무지개 그림자 흔들리고 |
| 芳卿晴川看洗酌 | 방초 핀 맑은 시내에 술잔 씻는 것 바라보고 |
| 綠陰明月教吹簫 | 푸른숲 달 아래 퉁소 불게 하네 |
| 頻開翠幕臨官道 | 푸른 장막 자주 열어 관가 길 바라보지만 |
| 肯着烏市臥郡朝 | 어찌 검은 두건 눌러 쓰고 군의 조회에 누우리오 |
| 沙步行人休怪我 | 길가는 행인이여, 괴이하게 생각 마오 |
| 此間無事日進遙 | 요사이 일이 없이 날마다 거닌다오 |

정현덕 태평원시비 – 부산 동래유치원 내, 1872년 세움

태평원시비 안내문

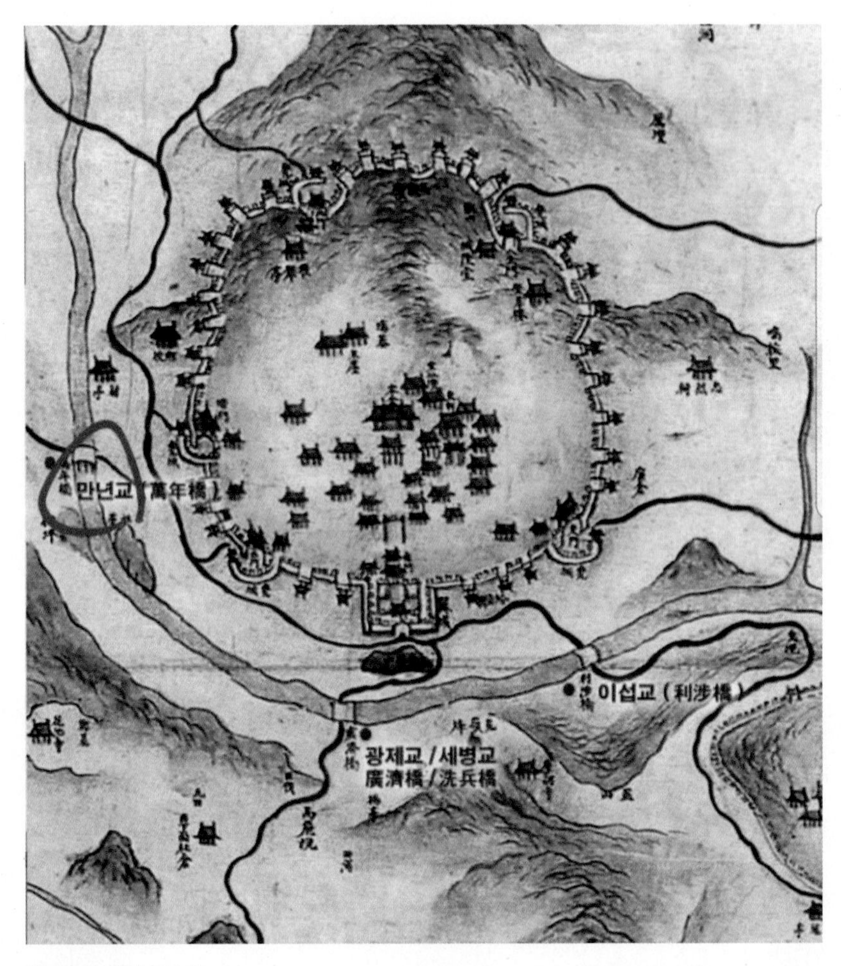


만년교의 위치 ©박하

다음은 정현덕이 지은 금직(禁直: 대궐 당직) 이라는 한시이다.

**官槐翳日影幢幢 金碧樓臺十二窓 深院無人春晝永 碧桃花外燕雙雙.**

관청 앞 느티나무 해를 가려 그림자 흐릿하고, 단청이 고운 누대 열 두 창문이라.

궁궐 안뜰에는 사람 없이 봄날은 길고, 벽도화 꽃 위로 제비 쌍쌍이 날고 있구나.

위의 시에 대한 해석은 다음과 같다.

어구(語句)

禁直 : 궁중에서 일직이나 숙직을 하는 일. 禁中當直(금중 당직).

槐 : 회화나무. 느티나무.

翳日 : 해를 가림.

幢幢 : 덮여져서 흐린 모양.

金碧 : 황금빛과 푸른 빛깔. 아름다운 색채.

樓臺 : 누각이나 정자.

十二窓 : 열 두 창문. 궁궐에 열 두 문이 있듯 누대도 12곳이 있음. 12란 숫자는 음률의 12律(율, 6률과 6몸려)과 12支(지)와 통함.

深院 : 그윽하고 깊은 안뜰.

碧桃花 : 벽도나무의 꽃. 벽도나무는 '복숭아나무의 일종'으로 천 겹의 꽃이 희고 아름다우며 열매는 잘아 먹지 못하고 관상용으로 심음.

雙雙 : 둘씩 짝을 이룬 모양.

감상(鑑賞)

봄날 낮에 대궐 안에서 日直(일직)을 하며 눈에 띄는 광경을 읊은 시. 요즘의 공휴일인지 대궐 안은 한적하니, 임금을 비롯한 궁궐 안 사람들은 모두 봄 낮잠을 자는가보다. 봄날은 긴 데 벽도화 고운 꽃 위로 제비만이 쌍을 이루어 날고 있을 뿐, 고요하고 평화로운 모습이다. 첫 구와 끝 구는 對句(대구)라 해도 좋겠다.

압운(押韻), 평측(平仄)

7言絕句(7언절구). 압운은 幢, 窓, 雙 자로 평성 '江(강)' 평운이다. 평측은 차례로 '平平平仄仄平平, 平仄平平仄仄平, 平仄平平平仄仄, 仄平平仄仄平平'으로 二四不同二六對(이사부동이륙대)와 反法, 粘法(반법, 점법) 등이 모두 이루어졌다.[34]

한편, 정현덕의 문집인『海所集(해소집)』이 필사본으로 전해져 오고 있다. 책의 구성은 1책 83장이다. 시(時)가 259제로써 절대 다수를 차지하고 있고,

34 한시작가작품사전.

문(文)은 8편이 말미에 수록되어 있다. 창작연대는 정현덕이 동래부사로 있던 1868년(고종 5년)부터 함경도 문천에 유배되어 있던 1878년(고종 15년)까지 지어진 작품들이 수록되어 있다.[35] 다음은 부산대학교 도서관에 소장되어 있는 정현덕의 문집(필사본)인 『海所集』의 표지와 첫 부분이다. 표지는 글씨를 알아볼 수 없는 상황이다.

정현덕의 문집 『海所集』의 표지
ⓒ부산대학교 도서관

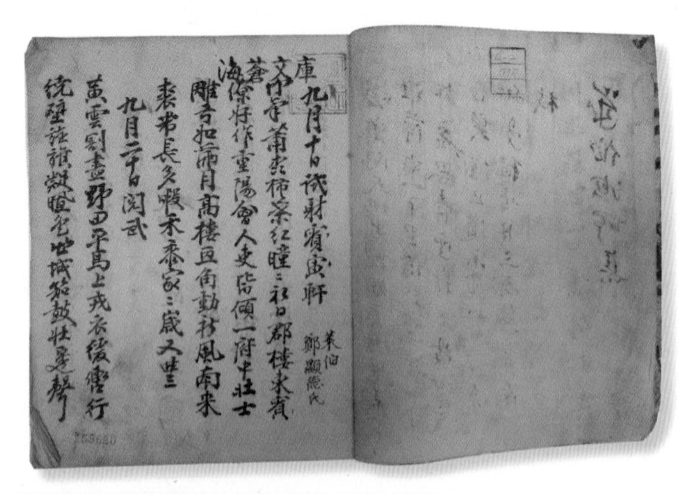

정현덕의 문집 『海所集(해소집)』의 첫 부분 ⓒ부산대학교 도서관

35 한국학진흥사업성과포털, 한국학중앙연구원.

한편, 단국대학교 퇴계기념도서관에는 작자미상의 『海所集』이 소장되어 있는데 부산대학교 도서관에 소장되어 있는 『海所集』과 그 내용은 동일하나 필체가 다른 필사본인 것으로 확인되었다.

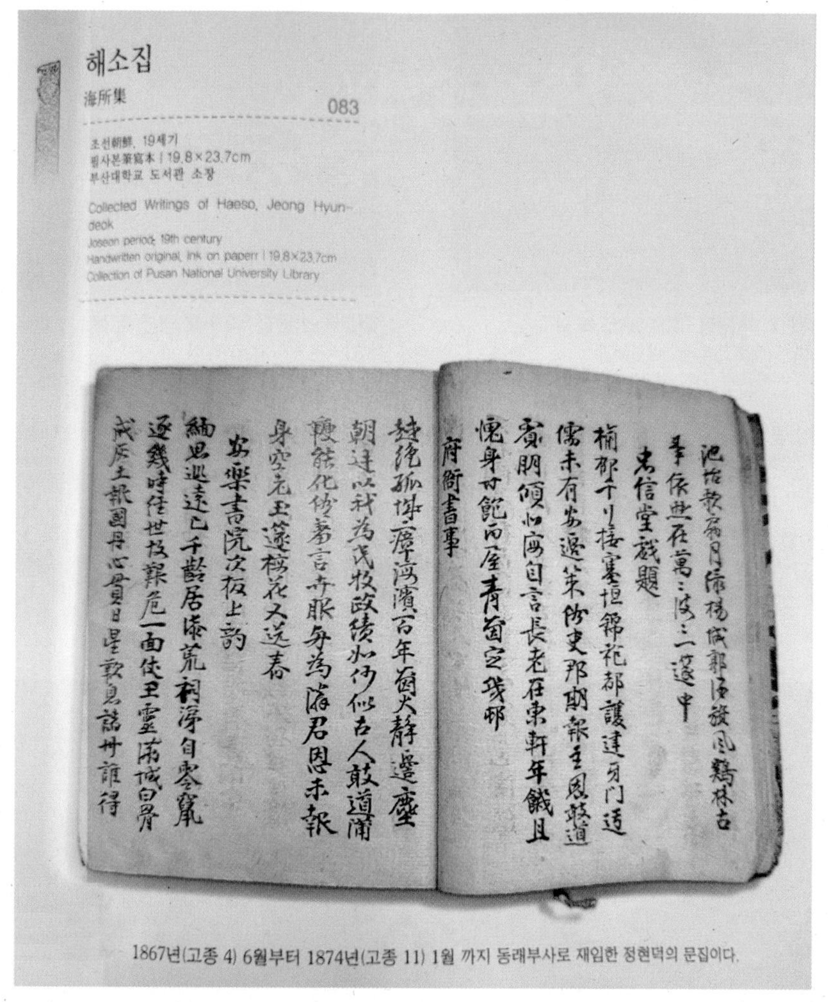


정현덕의 문집 『海所集(해소집)』의 부분
ⓒ부산박물관[36]

36 『東萊府使 忠과 信의 목민관』, 부산박물관, 2009, 193쪽.

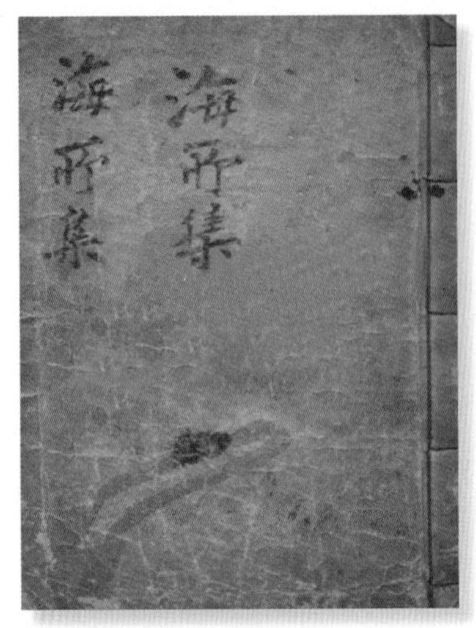


정현덕의 문집『海所集』의 표지
ⓒ단국대학교 퇴계기념도서관

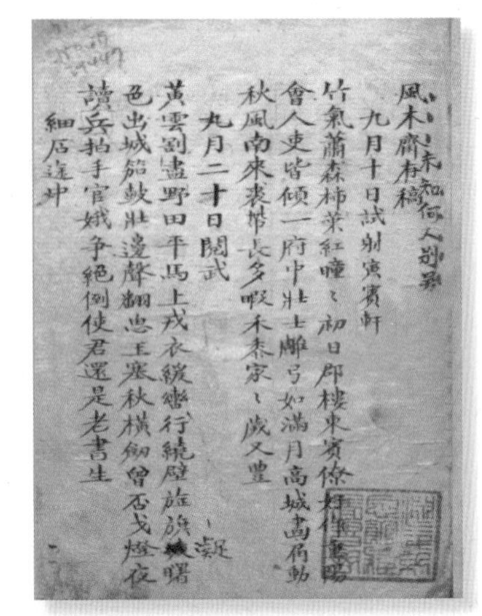

정현덕의 문집『海所集』의 첫 부분
ⓒ단국대학교 퇴계기념도서관

정현덕은 훌륭한 서예가이기도 했다. 다음의 글씨는 정현덕 동래부사가 쓴 세한당 현판이다. 세한당은 임진왜란 때 활약한 양지(梁誌), 양조한(梁潮漢), 양통한(梁通漢) 세 명의 충절을 기리고 위패를 모시는 사당인 반송 삼절사(盤松三節祠)의 강당이다.[37] 부산광역시 해운대구 반송동에 소재하고 있다.

반송 삼절사의 세한당 현판 ⓒ한국향토문화전자대전, 한국학중앙연구원

37 한국향토문화전자대전, 한국학중앙연구원.

반송 삼절사 ⓒ동래문화원

# 5 학문 및 교육장려

정현덕 동래부사는 흥선대원군의 심복으로 개항장인 부산포와 왜관을 관리하는 동래부사로서의 책임을 다하는 과정에서 자주 국방을 위해 학문 및 교육에 지대한 관심을 가졌다. 아직까지도 확실하지는 않으나 1878년 부산에 설립되었다고 하는 동래무예학교의 바탕이 된 무예교육을 정현덕이 적극 추진했다고 한다. 다음은 그와 관련된 내용이다.

**우리나라 최초의 근대 교육 기관**

동래무예학교(東萊武藝學校)는 1878년 동래부(東萊府)에 설치된 근대 학교이다. 동래부(東萊府)에 설치된 무청(武廳)들이 무예교육 기관의 기능을 담당하였고 동래부(東萊府)의 무임(武任) 조직인 양무당(養武堂), 세검당(洗劍堂), 기영회(耆英會)를 통해 무예교육 기관이 설립 및 운영되었다. 동래 무관들인 선무군관(選武軍官), 출신(出身), 한량(閑良), 무학(武學)의 무예교육 기관으로서 역할을 수행하였으며 동래의 교육 기관인 1732(영조 8년)년에 동래 부사 정언섭(鄭彦燮)이 세운 시술재(時述齋)의 후신으로 등장하였고 동래 부사 정현덕이 국방력 강화차원으로 무예교육을 추진하면서 출현했다. 시술재는 서당이다.[38]

38 http://blog.naver.com/msk7613

앞서 정현석의 내용에서 원산학사가 우리나라 최초의 민간 교육기관이라고 언급된 바 있다. 다음은 원산학사가 설립되기 전 동래에 있었던 동래무예학교를 참고로 하여 설립하였다는 관련 내용이다.

> 앞서 정현석 김해부사의 내용에서 언급된 원산학사 관련 정현석의 장계(고종실록 1883년 10월 14일 내용 중)
>
> (전략) 무예는 동래부의 규례를 본받아 출신과 한량 200명을 선발하고, 별군관을 처음으로 두어 달마다 의무적으로 시험을 보아 시상하였습니다.

위의 내용에서 밑줄 친 부분은 원산학사의 무예반에 동래부의 사례를 적용한다는 내용을 말하고 있는 것이다.

다음은『승정원일기』에 기록된 윤치화 동래부사가 동래부 무예시험의 급료 등 무예교육을 수행하는 군사들의 처우와 관련해서 동래부에 특별한 대우를 요구하는 내용이다.

> 의정부가 아뢰기를,
>
> "방금 전 동래부사(東萊府使) 윤치화(尹致和)의 보고를 보니, 군사와 백성들이 곤란한 형편과 여러 조목을 바로잡을 방도를 성책(成冊)하여 올려 보내어 처분을 기다린다고 하였습니다.
>
> (중략)본 동래부는 다른 고을과 아주 달라서 예비를 갖추는 데에는 더욱 응당 구별이 있어야 할 것입니다. 별포군(別砲軍) 200명, 무사 100명에게는 급료를 넉넉히 주도록 하고 달마다 무예를 시험 보이며 급료로 주는 물건은 강화도에서 베를 주는 규례대로 도내에 각 고을의 결세(結稅) 중에서 300동(同)에 한하여 특별히 떼어 줄 것입니다. 그렇지 않으면 관청의 무명(公木)을 보태 주던 제도는 지금 이미 혁파하였으니, 관청의 무명 가운데에서 300동에 한하여 떼어내 옮겨 달라는 일입니다.
>
> 해부는 국경의 큰 문으로서 믿고 지킬 만한 사람은 오직 장수와 아전, 군사

와 백성들뿐입니다. 그들이 만약 먹지 못하여 살 수 없게 된다면 어찌 백성들을 돌봐 주고 보존하는 정사에 결함이 없겠습니까

(중략) 지금 변경 방비가 소홀한 때를 당하여 인원을 증가하여 무예를 시험 보이는 일이 없을 수 없습니다.(후략)”[39]

위의 내용들을 검토해 볼 때 동래무예학교가 확실하게 언제 설립되었는지를 증명할 수는 없으나 정현덕 동래부사의 국방력 강화차원으로 무예교육을 추진한 결과로 윤치화 동래부사의 재임시기인 1878년 정도에 동래무예학교가 설립되었다는 것을 알 수 있다. 이러한 동래부의 동래무예학교를 참고로 하여 1883년에 원산학사가 설립되었다는 내용도 알 수 있는 것이다.

정현덕 흥학비 – 부산 동래구 명륜동 동래향교 내 1874년 세움

39 『승정원일기』 1879년(고종 16년) 6월 30일 기사, 한국고전번역원.

한편 대구교육대학교 정재걸 교수는 우리나라 최초의 근대 학교에 관하여 다음과 같이 언급하고 있다.

## 우리나라 최초의 근대 학교

### 1) 근대의 의미

우리나라 최초의 근대 학교는 어느 학교일까? 뒤에 살펴보겠지만 최초의 근대 학교에 대한 설은 분분하다. 서양의 경우 근대 교육과 전근대 교육을 구분하는 준거는 다음과 같은 3가지이다.

먼저 교육기회의 보편화이다. 전근대 교육에 있어서 교육기회는 제1계급이라고 하는 성직자들과 제2계급이라고 하는 귀족계급에 한정되어 있었다. 이것을 제3계급인 시민계급과 제4계급인 노동자 계급에까지 확대하는 것이 근대 교육의 중요한 특징이라고 할 수 있다. 이러한 교육기회의 확대에 큰 영향을 미친 사상은 천부인권 사상에서 도출되는 아동의 권리확인과 그 교육적 표현으로서의 학습권 사상인데, 시민혁명의 대표적 사상가이며 근대 공교육체제의 주창자이기도 한 콩도르세(Condorcet)는 교육을 인간적 권리의 평등을 현실화하는 수단으로서 인간의 가장 기본적인 권리라고 주장하였다.

그리고 공립학교는 이러한 '권리로서의 교육'을 보편적으로 현실화하기 위한 가장 유효한 수단이라고 주장하기도 하였다. 이러한 사상이 중세사회에서 일부 특권층에 한정되던 교육을 모든 계층, 모든 집단으로 확대하는 계기가 되었으며, 이에 따른 교육기회의 보편화가 근대 교육의 가장 중요한 준거로 인정되고 있다.

두 번째는 교육의 세속화이다. 근대 교육의 또 하나의 준거는 역시 천부인권의 원리로부터 도출되는 것으로, 교육에서 양심의 권리 혹은 내면의 자유를 지키기 위해 종교적 영향력에서 벗어난 세속주의를 견지해야 한다는 것이다. 이러한 세속주의의 원리에 따라 기존에 교회가 가지고 있던 상당 부분의 교육

권이 부모 혹은 부모가 위탁한 것으로 간주하는 국가로 넘어가게 되었다.

근대 교육의 또 하나의 준거는 민족주의라고 할 수 있다. 자본주의의 발전은 하나의 경제단위로서 국민경제를 지향하고 이것이 이념적으로 민족주의로 발현된다. 따라서 중세적 질서의 구각(舊殼) 속에서 자본주의 발전을 통해 민족의 이념을 획득한 서구 유럽의 국가들은, 민족의식을 불러일으키기 위해서 공교육체제를 서두르게 되었다. 이러한 민족주의 교육을 통해 기존 기독교 중심의 보편교육은 사라지고 그 자리에 모국어, 모국역사 중심의 애국 교육이 보편화하였던 것이다.

이와 같은 교육기회의 보편화, 교육의 세속화, 교육의 민족주의화라는 서구 근대 교육의 세 가지 준거는 우리의 근대 교육에 그대로 적용할 수 있을까? 이러한 3가지 준거를 염두에 두고 우리나라 최초의 근대 학교에 대한 4가지 주장을 검토해 보기로 하자.

### 2) 최초의 근대 학교에 대한 4가지 설

#### 가. 배재학당설

우리나라 최초의 근대 학교는 배재학당이라는 주장이 가장 먼저 대두하였다. 그 대표적인 학자는 오천석이다. 배재학당은 1885년 7월 미국 북감리회 소속인 아펜젤러가 서소문동에 집을 한 채 사서 학교를 시작한 것에서 출발하였다. 최초의 수업은 이겸라, 고영필이라고 하는 영어 학습을 대단히 희망하는 두 청년에게 영어를 가르친 것이었다. 그러나 아펜젤러가 미국 선교본부에 보낸 기록에 "우리 선교학교는 1886년 6월 8일에 시작되어 7월 2일까지 수업이 계속되었는데 학생은 6명이었다"고 하여 이 해를 배재학당의 출발로 보고 있다.

배재학당의 근대 교육적 성격을 오천석은 교육사상사적인 측면과 교육운영방침의 두 가지로 나누어 지적하고 있다. 전자의 경우 배재학당을 세우고 스스로 그 교장이 된 아펜젤러가 설립 다음 해에 만든 학당훈, 즉 "크게 되려는 사람은 마땅히 남에게 봉사하는 사람이 되어야 한다(欲爲大者 當爲人役)"는 교육 정신이 전통적 교육목적과 다른 근대성을 나타낸다고 말하고 있다. 즉 전통사회에서 과거 교육의 목적이 자신의 영달과 가문을 빛내는 것에 불과한 것에 비해 이처럼 남을 위한 교육이념을 제시한 것은 우리의 교육사에 있어서 획기적이라는 것이다. 또한 교육운영 방침의 경우에도 (1) 학년을 두 학기로 나누고, (2) 하루의 일과를 시간으로 정해 진행하며, (3) 입학과 퇴학의 절차를 엄격하게 규정하고, (4) 수업료를 물품 대신 돈으로 받았으며, (5) 성적표를 만들어 부형이나 보호자에게 직접 보내고, (6) 근로를 장려한 것 등은 전통 교육과 확실히 구별되는 '근대적' 교육방식이라고 오천석은 주장하고 있다.

이러한 특징을 일반화하여 오천석은 개화기의 선교계 학교가 국가와 민족을 위해 봉사할 수 있는 인재양성을 목적으로 하여 국가의식, 민족의식을 고양하는 데 커다란 역할을 했으며, 이후 민족교육의 기본이념을 형성했다고 주장하고 있다. 그러나 선교계 학교가 우리의 근대 교육에 일정 부분 기여한 것은 사실이라고 하더라도, 민족의식을 고취하는 역할을 했다고 말하기는 어렵다. 특히 미국 선교사들이 세운 선교계 학교는 미국의 이익을 대변하는 중요한 역할을 담당하였다. 1898년 미국이 필리핀을 점령하기 전까지 한국은 미국의 가장 중요한 침략대상이었으며, 특히 자본주의 열강의 식민지 획득경쟁에서 한발 뒤처졌던 미국에 있어 한국은 풍부한 자원 공급지 및 과잉생산물의 판매시장이었을 뿐만 아니라 광대한 아시아 대륙 진출을 위한 군사, 전략적 기지였다.

이러한 상황 속에서 한국에 진출한 기독교 선교회는 계획적이고 조직적으로 침략의 첨병 역할을 하였다. 한국 최초의 선교사로 입국하여 우리나라 최초의 근대병원이자 의학교육기관을 설립한 미국공사 앨런은 침략의 첨병이 되어 이권 탈취를 비롯한 갖가지 권익획득을 위해 활동하였으며, 오늘날 경신학교의 전신인 언더우드 학당을 설립한 미국 장로교파 언더우드는 통상과 교회가 손을 맞잡아야 한다고 주장하였다. 배재학당은 체조와 교련과목에서 미국 공사관의 경비대원과 해병대원이 교관으로 동원되었으며, 학교 행사에는 한국 국기와 함께 미국 국기가 게양되었다. 또 선교사들은 일요일 교회당예배를 강제로 시키고, 교회에 불참한 학생을 퇴학시키기도 했으며, 학생들은 기독교 중심 교육을 반대하여 동맹 휴학을 하기도 하였다.

배재학당이 선교계 학교 중에서 큰 명성을 얻게 된 데에는 정부 파견 위탁생이 커다란 역할을 하였다. 즉 정부 관리들을 대상으로 서구 학문을 받아들이기 위한 육영공원이 실패로 끝나자, 1895년 2월 한국 정부는 배재학당과 정부 위탁생에 대한 계약을 맺어 매년 다수의 위탁생을 배재학당에 입학시키고 이들에 대한 학용품 지급은 물론 일부 교원의 봉급마저 국고에서 지출하였다. 이 계약은 1902년 9월까지 7년 넘게 지속하였는데, 이러한 과정을 통해 배재학당은 한국에서 가장 강력한 교육적, 도덕적, 지적 영향력을 지닌 선교계 학교가 되었다. 이처럼 배재학당설은 서구 근대 교육의 3가지 준거와는 아무런 관계없이, '근대=서구화'라는 오천석의 무의식적 전제하에 성립된 주장이다.

### 나. 원산학사설

원산학사는 1883년 8월 개항장 원산에서 개화파 관료들과 원산 주민들이 중심이 되어 기존의 개량서당을 확대해 설립한 학교이다. 이 학교는 문예반 50명과 무예반 200명을 선발하여 문예반은 경서(經書)를 그리고 무예반은 병서(兵書)를 가르치되, 문무 공통으로 산수, 격치(格致), 각종 기기와 농업, 양잠, 광채 등의 실용과목을 가르쳤다. 이러한 기록을 중심으로 신용하는 원산학사의 설립 의의를 다음과 같이 주장하였다.

> (1) 우리나라 최초의 근대 학교가 종래의 통설과는 달리 우리나라 사람들의 손으로 설립하였다는 사실에 큰 역사적 의의가 있다.
> (2) 정부의 개화정책에 앞서 민중들이 기금을 설치하고, 자발적으로 학교를 설립하였다는 것에 의의가 있다.
> (3) 외세의 침략이 노골화되는 지방의 개항장에서 나라를 지키고 발전시키기 위해 인재를 양성하고 신지식을 교육하려는 애국적 동기로 근대 학교를 설립

한 것은 큰 의의가 있다.

(4) 외국의 학교를 모방한 것이 아니라 종래의 교육기관인 서당을 개량서당으로 발전시켰다가 이를 다시 근대 학교로 발전시킴으로써, 역사적 계승을 나타냈다는 데에 큰 의의가 있다.

(5) 학교설립에 있어서 개화파 관료들과 민중이 호흡을 일치했다는 데에 큰 의의가 있다.

그러나 이러한 주장이 원산학사가 왜 우리나라 최초의 근대 학교인가를 말해 주는 것은 아니다. 원산학사가 최초의 근대 학교였다는 근거는 외세에 저항하기 위해 설립한 학교였다는 것도 아니고, 관료와 민중이 힘을 합해 설립한 학교이기 때문도 아니다. 원산학사가 우리나라 최초의 근대 학교라는 근거는 그 학교에서 기존의 전통 교육기관과는 달리 서구의 신지식을 교육내용으로 채택했다는 데에 있다. 그러나 원산학사의 교육내용은 앞에서도 언급한 바와 같이 경서나 병서가 중심이 되고 부수적으로 '시무(時務)에 긴요한 것', 즉 산수, 격치 등의 신지식을 가르치는 것으로 되어 있으며, 덕원부사가 임금에게 보낸 상소문에서 원산학사를 설립하였으니 과거 시험에서 혜택을 달라고 하는 것으로 보아 그 설립목적도 전통적인 교육기관의 설립목적과 크게 다르지 않다.

이러한 측면에서 원산학사를 우리나라 최초의 근대 학교라고 주장하는 바탕에도 여전히 '근대=서구화'라는 기본 가정이 깔려 있다.

### 다. 18세기 서당설

18세기 후반에 설립된 서당이 우리나라 최초의 근대 학교라고 주장하는 사람은 정순우이다. 그는 조선 후기 사회변동에서 나타나는 몇 가지 특징적인 교육지표를 통해 근대 교육의 기점을 새롭게 설정하였다.

첫째, 교육주체로서 소농민의 성장이다. 18세기에 이르러 신분관계의 혼란으로 교육과 신분의 상응관계가 무너지고 비사족(非士族) 중에서 상거래와 광작경영, 상품 경제적 농업경영 등을 통해 부를 축적한 집단이 생기게 되었다. 이들을 소위 '자본주의 맹아(萌芽)'의 담당자라고 하는데, 기존 양반 중심의 학교 체제에 대신하여 새로운 학교를 설립하고 운영한 주체라는 것이다. 이들은 주로 기존의 서당계를 활용하여 훈장을 고용하고 일정 급료를 주어 자신들의 자녀들을 교육했다.

둘째, 계층의 개별적 교육구조의 획득이다. 18세기 후반 경제적 변화와 신분제의 와해를 통해 지배층인 양반들의 학교 교육 독점은 점차 퇴조하고, 각 계층은 독자적인 교육체제를 형성하게 되었다. 18세기 후반에 이르러 소농민층을 중심으로 조선시대의 지배 이념인 삼강오륜적인 윤리 덕목이 점차 약화하고, 서당의 교육도 이러한 윤리서 중심이 아니라 현실 생활에 밀접한 내용으로 바뀌게 된다. 그 대표적인 책이 '한국의 페스탈로치'로 불리는 장혼(張混)의 《아희원람(兒戲源覽)》이라는 책이다. 이 책은 기존의 소학류의 교재보다 교화적인 성격이 배제된 탈명륜적 경향을 잘 보여주고 있는데, 아동들이 일상생활 속에서 접하는 민간유희, 민속, 민담, 국속 및 조선의 현실 인식 위주로 그 내용이 편성되어 있다.

이러한 서민들을 위한 서당에서는 기존의 훈장들과는 달리 몰락 양반이나 유랑 지식인들을 고용하였는데 이들은 기존의 사회체제에 강한 불만을 품고 있는 사람들이었다. 유랑지식인 서당 훈장은 18세기 중엽에 이르면 광범위하게 증가하여, 기층민의 의식을 고양하고 각성시키는 데 중요한 역할을 담당하게 된다. 이 시기 이후의 각종 모반 사건에서 서당 훈장들이 주모자로 등장하는 것이나, 19세기 각종 민란의 중심에 서당 훈장들이 있는 것은 이들이 가르치는 교육내용에 새로운 세계에 대한 이념이 포함되었기 때문이다.

이처럼 18세기 서당설은 '근대=자본주의'라는 도식 속에서 만들어졌다. 그러나 18세기 서당설은 아직 충분하게 역사적 고증이 이루어지지 못해, 몇 가지 특징적인 현상을 부조적(浮彫的)으로 드러낸 것에 불과하다는 비판이 제기되고 있다.

### 라. 근대 교육=식민지 교육설

이 주장은 일제하 식민지 교육을 정당화하기 위한 주장으로, 식민사학인 '정체성론'에 바탕을 두고 있다. 즉 일제 강점 이전의 조선은 자생적인 근대화가 불가능하다는 인식하에 우리의 교육 또한 일제 식민지 교육의 이식 때문에 비로소 근대화될 수 있었다는 것이다. 이러한 맥락에서 일제 식민주의자들은 일제가 통감부를 설치하고 보통학교령, 사범학교령, 고등학교령, 외국어학교령, 농림학교 관제 등을 공포한 1906년 8월을 근대 교육의 기점으로 잡고 있다.

그러나 1906년에 이르면 우리의 근대 교육은 이미 근대 학교의 숫자나 제도화의 정도에 비추어 볼 때 이미 정착단계에 접어든다. 특히 1894년부터 10여 년간 지속한 갑오교육개혁으로 근대 교육에 대한 법적, 제도적 토대는 이미 마련되어 있었으며, 1906년부터는 그 주도권이 관공립학교에서 사립학교로 이전되고 있었다.

우리나라 최초의 근대 학교에 대한 4가지 주장을 검토해 볼 때 우리나라 최초의 근대 교육 기점은 18세기 후반 자생적 근대 교육의 맹아로서의 서당과 1906년 일제 통감부의 원산보통학교 사이에 놓여 있다고 볼 수 있다. 따라서 일제 식민사학의 주장을 배제한다면, 우리나라 최초의 근대 학교는 그 출발을 자생적인 것으로 볼 것인가 아니면 서양에서 전래한 것으로 볼 것인가 하는 관점의 차이에 따라 달라진다고 할 수 있다. 만약 우리의 근대 학교를 서양으로부터 이식된 선교계 학교가 아니라 자생적인 것으로 본다면, 우리의 근대 교육은 18세기 후반의 서당과 그것이 1883년 원산학사를 거쳐 원산항 공립소학교로 전개되는 어느 한 시점으로 보는 것이 타당하다. 왜냐하면 원산학사나 교육구국운동의 목적으로 설립된 사립학교나 모두 그 뿌리를 서당에 두고 있기 때문이다. 문제는 서당의 전개과정 중 어느 시점부터 근대 교육으로 간주할 것인가 하는 데 있다.[40]

---

40 정재걸(대구교육대학교 교육학과 교수)의 역사 속 교육.
http://www.eduinnews.co.kr/news/articleView.html?idxno=8430

# 6 국방강화

정현덕은 국방강화와 관련하여 동래읍성 수축 및 관련된 녹봉 희사, 금정산성의 동문 및 서문 재건, 만년대에 외영을 설치하여 무예교육 및 군사훈련을 실시하기도 하였다. 다음은 동래읍성 수축과 관련된 내용이다.

> 정현덕의 동래부 읍성 수축공사는 종래 수령이 관내 성곽이 무너졌을 때 관례적으로 보수하던 그것과는 달랐다. 정현덕은 동래부의 관방시설을 강화하는 일환으로 읍성을 전면적으로 수축하는 공역을 일으킨 것이다. (중략) 읍성의 수축은 대일 교섭의 창구이기도 한 동래 지역의 방어시설을 강화하는 조치에 속했다.
>
> 동래부에서는 1870년(고종 7년) 12월부터 읍성 수축에 들어갔다. 축성역은 도감동·도책응도감을 지휘자로 하여 동문·서문·암문·북문·인생문·남문의 6 문루를 수리하는 일과 제1치(雉)로부터 제30치까지 읍성 30개 치성을 나누어 수리하는 일고 나뉘어 진행되었다. (중략) 축성에 지출된 비용은 92,774량 남짓이었다. 특이한 저은 축성역을 위해서 원납전을 많이 거두어들였다는 점이다. 축성역을 마친 뒤에 정현덕은 「성역절목」을 새로 정하였다. 동래부 관내의 백성에게 식리전을 분급하고 그 수입으로 성곽의 수리에 필요한 경비를 조달하려는 것이다.[41]

41 윤용출, 「조선후기 동래부 읍성의 축성역」, 『지역과 역사』 21호, 2007, 199-200쪽.

「성역절목」은 동래부 읍성을 수축한 뒤 읍성의 유지 및 보수를 위해 정리한 규정인데 『성역급각공해중수기(城役及各公廨重修記)』에 수록되어 있으며 관련내용은 다음과 같다.

『성역급각공해중수기(城役及各公廨重修記)』는 1869년 11월 23일부터 1871년(고종 8년) 12월 1일까지의 동래부의 읍성 및 각 공해(公廨)의 중수에 관한 기록으로 축문(祝文), 원납인(願納人)의 성명과 원납액(願納額), 공해의 칸수, 성역비(城役費)의 각 동(洞) 징배(徵配), 미전 절목(米廛節目), 기생방 절목(妓生房節目) 등이 수록되어 있다. 「성역절목」도 『성역급각공해중수기』에 수록되어 있다.[42]

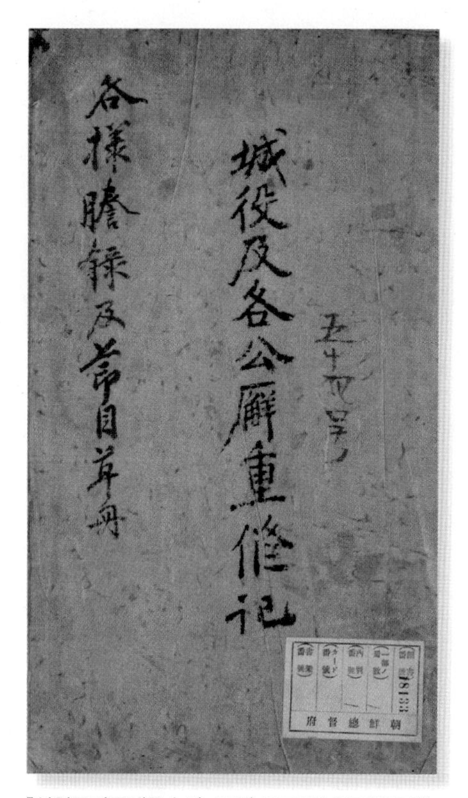


『성역급각공해중수기』 표지 ©규장각 한국학연구원

42 향토문화전자대전 디지털부산문화대전, 한국학중앙연구원.

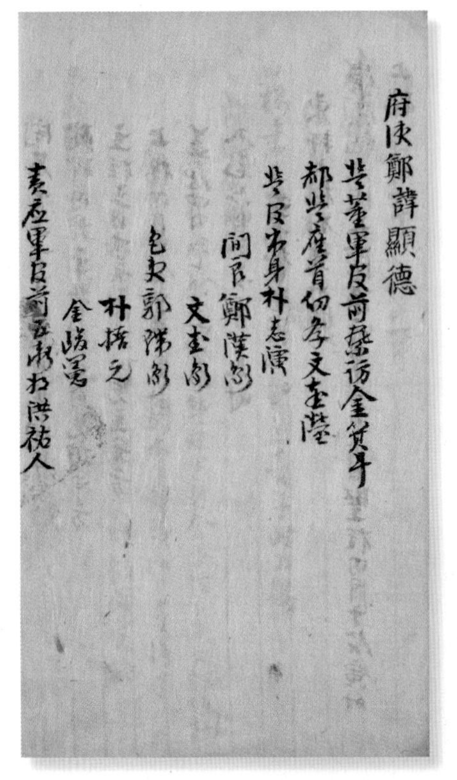

「성역절목」의 부분 ©규장각 한국학연구원

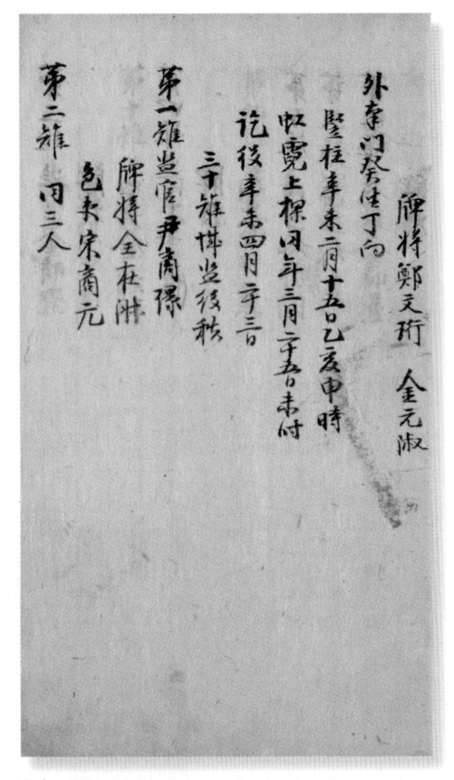

「성역절목」의 부분 ©규장각 한국학연구원

한편, 동래읍성 수축에는 원납전 징수가 있었다. 흥선대원군이 경복궁을 중건할 때 필요한 재원을 마련하기 위한 방법으로 사용했던 원납전 징수를 답습한 것이다. 또한 정현덕은 동래읍성 수축에 스스로 1만 량을 내 놓기도 하였다. 관련 내용은 다음과 같다.

> 정현덕이 주관했던 1870년(고종 7년)의 축성역에서는 모두 92,774량의 경비가 들었는데, 거두어들인 돈은 97,935량에 달했다. 이 가운데 응부작미(應付作米) 6,000석을 작전(作錢)해서 얻은 잉여 5,400량과 동래부사가 스스로 부담한 1만 량을 제외하면, 나머지는 정현덕의 비막(裨幕)의 원납전 500량, 이교(吏校)·대소민(大小民), 승도(僧徒)의 원납전 52,035량, 결배원납(結排願納) 3만 량 등 여러 형태의 원납전으로 구성되어 있었다.(중략) 결배원납 3만 량은 결렴(結斂)의

형식으로 관 에서 거두어들인 임시 전결세였다.[43]

동래읍성 남문인 세병문과 주조문 ©동래문화원

동래읍성 남문인 세병문과 주조문 ©동래문화원

43 윤용출, 앞의 책, 2007, 220쪽.

현재의 동래읍성 북문

현재의 금정산성 동문

현재의 금정산성 서문

한편, 동래읍성 수축, 금정산성의 동문 및 서문 재건, 만년대에 외영을 설치하여 무예교육 및 군사훈련 실시 등 정현덕 동래부사가 조선의 남쪽 변방인 동래의 국방강화에 힘썼던 것은 사실이나 그 당시 조선의 국방력은 일본 및 서양세력에 비해 현저히 약한 수준이었다. 다음은 이러한 조선의 국방력 현실을 잘 보여주는 내용이다.

**일본 외무성이 보낸 통교(通交) 교섭**

일본 명치정부는 이 사실을 주변 국가에 알렸는데 우리나라에는 1868년 12월 부산에 있는 왜관으로 일본 사신이 와서 우리나라의 왜학훈도(倭學訓導:일본어 통역이자 우리나라 외교관)인 안동준(安東晙)에게 그 사실을 알리는 서계(書契:외교문서)를 제출했다. 제출한 서계는 동래부사(東萊府使)에게 전해지고 동래부사는 중앙정부인 조정으로 올리게 돼 있었지만 그 당시의 외교적 제반 사항은 동래부사가 전담하다시피 하고 있었다.

그런데 왜관의 우리 측 훈도가 외교문서인 그 서계를 살펴보니 대마도와 동래부 사이 오고간 종전의 서계형식과는 다를 뿐만 아니라 내용상의 용어도 오만하기 짝이 없었다.

왜학훈도 안동준은 동래부사에게 그 사실을 알렸다. 그 당시 동래부사는 조정에서 국권을 장악하고 있던 대원군(大院君:고종임금의 아버지)의 심복인 정현덕(鄭顯德)이었다.

쇄국 일변도의 대원군의 심복인 정현덕이 그 서계를 받아들이지 말 것을 안동준에게 지시했다. 국가 간 새로운 국교가 열어지기를 바라는 일본측 서계는 동래부사 정현덕으로 인해 거부된 것이다. 그것이 5년 넘게 이어졌다. 그 사이 일본측 사신은 여러 차례 바뀌었지만 그 서계의 내용이라면 받아들일 수 없다는 동래부의 완고한 자세는 변함이 없었다.

### 부산항에서 일본군함 무력시위

동래부에서 서계 접수를 거부하고 있는 사이 일본은 부산항에서 무력시위를 벌이기도 했다. 1872년 1월에는 그 동안 오간 범선(帆船)도 목선(木船)도 아닌 동력으로 움직이는 크나큰 철제 기선(汽船) 만주환(滿珠丸)을 몰고 들어와 부산항에서 요란한 기적을 울리며 시위를 했다.

5월에는 용두산 주위에 있던 초량왜관의 왜인들이 왜관을 뛰쳐나와 동래부에 난입하여 횡포를 부렸다.

1872년 9월에는 일본 군함 춘일함(春日艦)과 유공함(有功艦)이 해군 군인을 싣고 부산항으로 들어와 시위를 벌이면서 그 동안 동래부가 관리하고 있던 왜관을 일본 외무성이 일방적으로 접수·관리했다. 그러면서 이 지역의 정보를 수집하는 일본 외무성 직원을 왜관에 상주시켰다.

9월 22일이 되자 군함 춘일함은 일본 임금의 생일을 축하한다면서 부산항에서 축포(祝砲)라 하여 21발의 대포를 쏘아 천지를 진동시켰다.

### 일본 무력시위에 놀란 우리의 대응(對應)

일본 해군들이 부산항에서 시위를 벌이고 있는데 우리측은 바라보고만 있을 수 없었다. 1873년 4월 15일 부산성(지금의 범일동 자성대성) 아래 바다에서 이어진 개운포진(지금의 좌천동 앞바다)을 거처 왜관 앞(지금의 동광동과 영도 앞바다)으로 우리 수륙군 합동의 시위연무(示威鍊武)가 있었다. 5월 13일에도 수십 척의 배로 시위연무를 했다. 이러한 사실은 일본 외무성에서 파견돼 온 직원이 왜관에서 바라보고 제나라 일본 외무성에 보고한 기록에서 볼 수 있다.

이 보고에는 우리의 조련(調練:시위연무를 말했음)을 일본이 옛날 행한 고류(古流)에 지나지 않는다고 하면서 타고 있는 배는 어선에 지나지 않고 병사들은 농부들이 상복(常服)을 입고 승병(僧兵)이 가담했는데 무기는 칼과 창과 활이고 지휘자격인 사람이 소총(小銃)을 가지고 있을 정도라 하고 있다. 이 보고서는 우리의 시위연무를 얕잡아보고 한 것이라 해도 그 무렵 군함을 몰고 대포를 장치하여 부산항에 들 정도의 그들과는 비교가 될 수 없는 무력이었다.

우리의 시위연무는 열세에 몰린 우리의 군사력이 안타까워서 한 일일 것이다. 동래부사 정현덕은 1873년 대포 3문(門)을 주조(鑄造)하고 동래성 안에서 발사시험을 했다. 그러나 그 대포는 발사와 함께 산산이 파열되어 실패하고 말았다. 이 사실도 일본 외무성에서 와서 왜관에 머물고 있던 외무성 직원이 본국에 보고하고 있다. 부산지역 주위는 대포 하나 비치돼 있지 않다는 보고도 했다.[44][45]

---

44 부산광역시, 「힘없는 나라 백성의 비애」, 『부산시보: 부산이라 좋다』, 2013.7.18.

45 최해군, 『부산이야기 62마당』, 해성, 2009, 197-200쪽.

# 7 이임 및 잉임

정현덕은 동래부사로 재임하던 시절 2차례나 잉임(연임)되었다. 다음은 관련 기록이다.

**동래 부사에 정현덕을 재수하였다**

의정부가 천망(薦望)하여, 정현덕(鄭顯德)을 동래 부사로 삼았다.[46]

다음은 동래부사 정현덕을 잉임하도록 하는『승정원일기』의 기록이다.

**동래 부사 정현덕을 잉임하도록 할 것을 청하는 의정부의 계**

또 아뢰기를,

"동래 부사(東萊府使) 정현덕(鄭顯德)은 임기 만료가 멀지 않았습니다. 변방 관문의 중요한 지역을 맡고 있으면서 치적이 우수하였으므로 이임을 애석히 여기는 민정이 대단하여 무시할 수 없는 점이 있습니다. 이런 때에 교체한다는 것은 응당 유념해야 할 바이니, 한 임기에 한하여 잉임하도록 하여 시종일관 공효를 세우도록 책임지우는 것이 어떻겠습니까?"

하니, 윤허한다고 전교하였다.[47]

---

46 『승정원일기』 고종 4년(1867년) 5월 26일 기사, 한국고전번역원.

47 『승정원일기』 고종 6년(1869년) 9월 11일 기사, 한국고전번역원.

다음의 기록도 정현덕을 잉임하도록 하는 『승정원일기』의 기록이다.

**이남회 등에게 관직을 제수하였다**

이남회(李南會)를 집의로, 박정양(朴定陽)을 부교리로, 정겸식(鄭謙植)을 돈녕부 도정으로, 조희일(趙熙一)을 예조 참의로, 서긍보(徐兢輔)를 군자감 정으로, 구영식(具永植)을 감찰로, 이인응(李寅應)을 여주 목사로 삼았다. 수 판종정경에 이승보(李承輔)를 단부하고, 겸집의에 조정희(趙定熙)를 단부하고, 광주 유수(廣州留守)에 김익문(金益文)을 단부하였다. 전 현감 유기묵(柳冀默)을 지금 통정대부(通政大夫)를 가자하였는데, 가자하라는 전지를 받든 것이다. 동래 부사 정현덕(鄭顯德)을 한 임기에 한하여 잉임시키라는 전지를 받든 것이다.[48]

다음의 기록 역시 동래부사 정현덕을 잉임하도록 하는 『승정원일기』의 기록이다.

**동래 부사 정현덕을 잉임하게 할 것을 청하는 의정부의 계**

또 아뢰기를,

"동래 부사 정현덕(鄭顯德)이 삼령(三鈴)에 옮겨 제배되었습니다. 본 동래부는 국경 변방의 중요한 지역으로서, 이곳 수령의 이전부터의 훌륭한 업적에 대해서는 온 마음을 다해서 조정의 명령을 받들어 거행한 것으로 이미 드러났습니다. 그런데 지금 사무가 매우 번잡한 이때에 갑자기 바꾸어 임명할 수도 없거니와 역시 서투른 사람에게 맡겨서도 안 되겠습니다. 특별히 잉임을 허락하시어 시작한 일이 훌륭하게 끝맺을 수 있도록 책임을 지우는 것이 어떻겠습니까?"

하니, 윤허한다고 전교하였다.[49]

위의 기사와 관련하여 검토해 볼 내용이 있다. 정현덕은 앞의 『고종실록』

48 『승정원일기』 고종 6년(1869년) 9월 18일 기사, 한국고전번역원.

49 『승정원일기』 고종 6년(1869년) 12월 14일 기사, 한국고전번역원.

고종 6년(1869년) 12월 14일 기사에서 언급된 바와 같이 이조참의에 제수되었다. 그런데 위의 『고종실록』 기사와 같은 날(12월 14일) 『승정원일기』에서는 동래부사 정현덕을 잉임시키자고 의정부에서 건의하고 있다.

다음의 기사에서 동래부사 정현덕을 특별히 잉임시키라는 전지를 받든다는 내용이 나온다.

> **도목 정사가 있었다**
>
> 도목 정사를 하였다. 이비에, 행 판서 남성원(南性元), 참판 윤병정(尹秉鼎), 참의 이돈상(李敦相)이 나왔다.
>
> 김봉수(金鳳洙)를 빙고 별제로, 김봉집(金鳳集)을 선공감 주부로, 임철수(林澈洙)를 와서 별제로, 홍우정(洪祐鼎)을 전부로, 이득범(李得凡)을 의금부 도사로 삼았다. 전적(典籍)에는 이휘규(李徽圭)를 단부하였다. 동래 부사(東萊府使) 정현덕(鄭顯德)을 특별히 잉임시키라는 전지를 받들었다. 정준화(鄭駿和)를 예빈 직장으로, 민희철(閔羲轍)을 평시 직장으로, 민종덕(閔種悳)을 선릉 직장으로, 박경수(朴慶壽)를 형조 좌랑으로, 남정현(南廷顯)을 밀양 부사로, 조면하(趙冕夏)를 사복시 주부로, 이사재(李師在)를 금부도사로, 김병휴(金炳休)를 선공감 봉사로, 조석영(趙奭永)을 사재 봉사로, 이병석(李秉奭)을 영천 군수로 삼았다. 구례 현감(求禮縣監) 천우현(千禹鉉)과 보령 현감(保寧縣監) 방효함(方孝涵)을 서로 바꾸었는데, 이상은 서로 바꾸라는 전지를 받든 것이다.[50]

위의 내용을 검토해 봤을 때 정현덕은 고종 6년(1869년) 12월 14일 이조참의에 낙점되고 임명되었으나 같은 날 의정부에서 동래부사로 잉임시킬 것을 건의하고 12월 21일에 동래부사로 잉임되었다는 것을 알 수 있다.

다음은 1871년 12월에 동래부사 정현덕을 다시 잉임시키자는 의정부의 건의를 고종이 윤허한다는 『승정원일기』의 기사이다.

---

50 『승정원일기』 고종 6년(1869년) 12월 21일 기사, 한국고전번역원.

**동래 부사가 정현덕을 잉임하게 할 것을 청하는 의정부의 계**

의정부가 아뢰기를,

"동래 부사(東萊府使)가 두 번이나 임기가 만료될 기일이 얼마 남지 않았다고 보고해 왔습니다. 이 부사의 뛰어난 치적에 대해서는 이미 경외의 사람들이 들어서 알고 있는 바입니다. 성첩(城堞)을 수축하여서 변경의 관문이 더욱 중하게 되었고, 전결(田結)을 다시 측량하여서 백성들의 형편이 안정되게 되었습니다. 이와 같은 어진 부사를 여러 사람들이 혹 놓칠까 두려워하고 있으니, 동래 부사 정현덕(鄭顯德)을 임기가 만료되기를 기다려서 다시금 한 임기 동안 더 잉임시켜 더욱더 치적을 이루도록 책임지우는 것이 어떻겠습니까?"

하니, 윤허한다고 전교하였다.[51]

다음의 기록은 정현덕을 잉임시키라는 결정에 대해 관직을 제수하는 『승정원일기』의 기사이다.

**남계륜 등에게 관직을 제수하였다**

남계륜(南啓輪)을 돈녕부 도정으로, 정학묵(鄭學默)을 병조 참의로, 김세균(金世均)을 판의금부사로, 민치상(閔致庠)을 지경연사로, 정창동(鄭昌東)을 봉상시 정으로, 김석근(金奭根)을 호조 정랑으로, 이종서(李鍾恕)를 공사관으로 삼았다. 전적은 한석동(韓奭東)이었는데 문과 갑과(甲科)에 1등으로 합격한 사람을 단부하였고, 사도시 주부 가설은 이기섭(李基燮)이었는데 무과 갑과에 1등으로 합격한 사람을 단부하였다. 분병조 참의 이재붕(李載鵬)·이창한(李昌漢), 분병조 정랑 이재순(李載純)·이헌영(李鑣永) 이상은 감하(減下)하였다. 제주 목사는 이복희(李宓熙)를 단부하였다. 동래 부사 정현덕(鄭顯德)을 한 임기 동안 더 잉임시켰는데, 잉임시키라는 전지를 받든 것이다. 구례 현감 방효함(方孝涵)·양덕 현감 홍순학(洪淳學) 이상은 우선 잉임시켰는데, 잉임시키라는 전지를 받든 것이다. 병조 참의 최상유(崔尙儒)는 나이 70세로서 지금 가선대부(嘉善大夫)를 가자하고, 전 영(令) 왕석주(王錫疇)는 나이 74세로서 지금 통정대부(通政大夫)를 가자하고, 전 첨

51 『승정원일기』 고종 8년(1871년) 12월 21일 기사, 한국고전번역원.

지 임유하(林有厦)는 나이 84세로서 지금 가선대부(嘉善大夫)를 가자하고, 전 분교관(分敎官) 이시무(李時茂)는 나이 75세이고, 전 참봉 진복원(陳復元)은 나이 73세로서 이상은 지금 통정대부(通政大夫)를 가자하고, 전 오위장 우세종(禹世琮)은 나이 84세로서 지금 자헌대부(資憲大夫)를 가자하고, 장석조(張錫祚)는 나이 86세이고, 박종형(朴宗炯)은 나이 70세로서 지금 가의대부(嘉義大夫)를 가자하고, 이응상(李應相)은 나이 92세이고, 송언욱(宋彦郁)은 나이 86세이고, 이제인(李齊寅)은 나이 79세이고, 민취인(閔就仁)은 나이 72세이고, 손광영(孫光泳)은 나이 70세로서 이상은 지금 가선대부(嘉善大夫)를 가자하였는데, 이상은 특별히 가자(加資)하라는 전지를 받은 것이다.[52]

그 후 정현덕은 1874년 1월까지 동래부사로 약 7년이나 일하다가 승지로 임명되어 중앙정부(내직)로 이배되었다.

다음은 정현덕을 승지로 낙점한다는 『승정원일기』의 기사이다.

**승지에 정현덕을 낙점하였다**

승지의 전망 단자를 들이니, 정현덕(鄭顯德)을 낙점하였다.[53]

다음은 정현덕의 후임으로 부호군 박제관을 동래부사로 제수한다는 『승정원일기』의 기사이다.

**동래 부사에 부호군 박제관을 제수하라는 전교**

전교하기를,

"동래 부사(東萊府使)의 자리가 비어 있으니, 부호군 박제관(朴齊寬)을 제수하여 며칠 내에 내려보내라."

하였다.[54]

52 『승정원일기』 고종 9년(1872년) 4월 10일 기사, 한국고전번역원.

53 『승정원일기』 고종 11년(1874년) 1월 3일 기사, 한국고전번역원.

54 『승정원일기』 고종 11년(1874년) 1월 3일 기사, 한국고전번역원.

# 8 김해사람들과의 교류

정현덕은 약 7년간이나 동래부사로 재임하면서 낙동강 건너 김해 사람들과도 많은 교류를 했을 것이다. 같은 문중 사람인 김해부사 정현석과의 공무 및 비공식적 만남은 당연히 예상되는 일이다. 하지만 정현덕과 정현석의 교류를 확인할 수 있는 자료는 아직 찾지 못하고 있는 실정이다.

한편, 1870년대 김해에서 활동한 여류시인 지재당 강담운이라는 인물이 있다. 강담운은 기생(관기)출신이면서 또한 김해 출신의 문인 차산 배전의 연인이기도 했다. 강담운이 지은 시집『只在堂稿(지재당고)』에는 동래부사 재임 이후에 함경도 문천으로 유배된 정현덕을 그리워하는 배전의 시에 강담운이 화답하는 내용의 시가 있다. 이 시에 있는 내용으로 강담운, 배전 등 김해사람들과 동래부사 정현덕이 비공식적으로 모여 시를 짓고, 글씨를 쓰며(서예), 그림을 그리는 등 풍류를 즐겼으리라는 것을 충분히 예상할 수 있다.

다음은 위와 같은 내용을 예상할 수 있는 이성혜(2002)가 번역한『지재당 강담운의 시집, 그대, 그리움을 아는가』에서 강담운이 지은「낭군께서 동래성에 가서 만년대에 올라 정우전을 그리워하며 '추류사' 4절을 지어 보내주셨기에 그 자리에서 화운하고 한 절을 보탠다」라는 시의 내용이다.

이성혜(2003)는 그의 논문「지재당 강담운의 시세계-그리움으로 머뭇거리는 서성임의 美學-」에서 위의 시를 다음과 같이 언급하고 있다.

낭군께서 동래성에 가서 만년대에 올라 정우전을 그리워하며'추류사'4절을 지어 보내주셨기에 그 자리에서 화운하여 한 절을 보탠다
郞作萊城之行 登萬年臺 懷鄭雨田
賦秋柳詞四絶寄示 卽席和韻添附一絶...

고개 하나 강 세줄기 길 몇 번 돌아
흰구름 높이 안은 봉래를 보네.
비도 바람도 끊어진 버들 언덕
그대 홀로 만년대에 오르겠구료.

만년대 아래로 공연히 고개 돌리지만
놀아오는 상장 깃발 보이지 않네.
가련하다 버들잎은 다 떨어지고
성곽에 가을바람 저녁 피리 슬프구료.

(우전의 시에 '상장의 깃발 말 위에 높네'라는 구절이 있다. 雨田有 '上將牙旗一馬當'句.)

버들 긴 가지, 짧은 가지
봄바람 불고 가을비 내리던 만년교.
꾀꼬리소리 이미 끊어지고 매미소리 다하여
모두 풍류만 안고 말없이 애간장을 녹이네.

만년교 아래 석양이 비껴
수양버들 꺾으려하니 늦음을 어찌하랴.
애석하다, 풍류남아 장적은
지금 영락하여 장사에 계시다네.

(우전은 문천으로 좌천되었다. 雨田貶文川.)

장사에 귀양감은 예나 지금이나 가련한데
늙음은 끝내 가의 나이 아니라네.
태평한 시대 좋은시구를 기억하시는가
한 지방 백성들 요임금 시절 칭송하네.

(우전의 시에 '일만섬 좋은쌀 해국으로 돌아오니, 한 지방 백성들 요임금 시절 칭송하네'라는 시구가 있다. 雨田詩有 '萬斛長腰歸海國, 一區生齒戴堯天' 句.)

一嶺三江路幾廻　白雲高擁見蓬萊

42

斷雨零風楊柳岸　知君獨上萬年臺

萬年臺下首空回　不見牙旗上將來
可憐楊柳今搖落　殘郭西風暮笛哀

楊柳長條復短條　春風秋雨萬年橋
鶯聲已斷蟬聲歇　都把風流黯裏銷

萬年橋下夕陽斜　欲折垂楊奈晚何
堪惜風流張散騎　至今零落在長沙

長沙謫去古今憐　老大終非賈誼年
記得昇平詩句好　一區生齒戴堯天

* 우전(雨田)은 정현덕(鄭顯德 ; 1810~1883)의 호다. 정현덕은 대원군 집권후 동래부사로 와서 일본과의 교섭을 담당했다. 대원군이 실각한 후 민씨 척족정권에 의해 파면되어 유배를 갔다.
* 가의(賈誼)는 전한(前漢) 문제(文帝) 때의 문신이다. 낙양사람으로 문제 때 박사(博士)에서 태중대부(太中大夫)가 되었는데, 뒤에 장사왕(長沙王)의 태부(太傅)로 좌천되었다가 다시 양회왕(梁懷王)의 태부(太傅)가 되었다. 당시 사람들은 그를 '가태부' 혹은 '가생'이라 불렀다. 33세에 요절하였다. 저서에 『신서(新書)』, 『가장사집(賈長沙集)』이 있다.

이성혜, 『지재당 강담운의 시집, 그대, 그리움을 아는가』, 2002 내용 중 보고사.

"1절은 우전도 없는 만년대에 혼자 오를 차산을 묘사했다. 2절 역시 만년대 위에서 돌아오지 않는 우전을 기다리며 가을바람 불고 저녁 피리 구슬피 부는 속에 서 있을 차산을 묘사했다. 3절은 봄바람 불 때, 그리고 가을비 내리던 날 우전과 함께 풍류를 즐기던 시절을 추억했다. 4절은 장적과 장사를 빗대어 우전이 좌천되었음을 안타까워한다. 5절 역시 문천으로 좌천된 우전을 안타까워하고 있다. 5절 2구의 '늙음은 끝내 가의 나이 아니다'라는 말은 우전이 늦은 나이에 좌천되었음으로 더욱 안쓰러워하는 것이다. 3~4구는 우전의 시구(詩句) '일만 섬 좋은 쌀 해국으로 돌아오니, 한 지방 백성들 요임금 시절 칭송하네'를 인용하여 우전이 동래부사로 지내던 시절을 그리워하고 있다."[55]

이와 같은 이성혜(2003)의 언급에서 나오는 '만년대'는 앞서 기술하였던 정현덕의 태평원시비에 언급되었던 곳으로 정현덕 동래부사가 외영을 설치했던 곳이다.

한편, 정현덕은 약 7년간의 동래부사 재임 후 승지에 임명되어 중앙 조정에 나갔으나 흥선대원군의 1차 집권기가 끝난 후인 1875년(고종 12년) 8월에 민씨 정권으로부터 유배형을 받는다. 정현덕이 유배형을 받는 시기인 1875년과 차산 배전이 간행해 준 강담운의 시집『지재당고』가 나온 시기가 1875년 전후 또는 1877년경이므로[이성혜(2003)] 차산 배전과 지재당 강담운이 함경도 문천으로 유배된 정현덕을 그리워하는 위의 시 내용이 시기적으로 일치함을 알 수 있다.

다음은 김해 문인이었던 희인재 김규현이 동래부사 정현덕을 칭송하는 두 편의 시가『역주 희인재유고』에 수록되어 있어 소개하고자 한다.

**동래부사 정현덕과 더불어 도동(桃洞)에서 놀면서**

우연히 도동 아래로 와 보니,

평평한 들판에 아름다운 기운 가득하네.

---

55 이성혜,「지재당 강담운의 시세계-그리움으로 머뭇거리는 서성임 美學-」,『동양한문학연구』 제18집, 2003, 111-113쪽.

대밭 속에 새 오솔길 열렸고,

꽃그늘에 특별한 자리 마련했네.

경치는 봄이 되니 그림 같은데,

술 마시고 노래하니 하루가 일 년 같도다.

거룩한 임금님께서 다스리는 시대 국경에 일 없어,

장군은 곧 한 명의 신선 같도다.[56]

**동래부사 정공(鄭公: 鄭顯德)에게 드리는 시**

아름답도다! 훌륭하신 공은 덕성스런 도량이 커서,

문무를 다 닦아 진실로 잘 이루어졌도다.

동래부사로 대장을 겸한 장막엔 기풍이 높고,

은혜 깊은 홍문관의 영광스런 학사였네.

천리에 뻗친 위엄스런 명성에 오랑캐들 놀라고,

5년 동안의 치적에 여러 사람들 마음에 흡족하네.

미미한 서생인 나도 외람되게 좋은 자리에 참여하여,

다시 뛰어난 시로 정성으로 이루려고 한다네.[57]

---

56 김규현 지음, 허권수 역주, 『역주 희인재유고』, 화인, 2020, 41쪽.

57 김규현 지음, 허권수 역주, 위의 책, 58쪽.

# 9 정현덕에 대한 평가와 사망

다음은 2002년 부산시에서 20세기 이전 부산을 빛낸 인물로 선정된 정현덕에 관련된 내용이다.

> 정현덕(鄭顯德)은 동래(東萊) 사람으로 1810년(순조 10년)에 태어나 1883년(고종 20년)까지 살다 간 사람이다. 자는 백순(伯純)이고, 호는 우전(雨田) 또는 해소(海所)라 했다. 1850년(철종 1년) 그의 나이 40세 때 증광문과(增廣文科)의 병과(丙科)로 급제했다. 1862년에는 서장관(書狀官)으로 청나라에 다녀왔고, 대원군(大院君)이 집권하고부터는 그의 심복으로서 1867년(고종 4년)에 동래부사(東萊府使)에 임명 되었다. 그 후 이조참의(吏曹參議)를 역임하면서 배일(排日)운동의 선봉에 서게 되었다.
>
> 얼마 안 있어 대원군이 실각하고부터는 파면되어 야인으로 소일하고 있었으나 1882년(고종 19년) 6월에 임오군란(壬午軍亂)으로 대원군이 다시 집권하게 되자 형조참판(刑曹參判)으로 기용되었으나 대원군이 물러나자 원악도(遠惡島=서울에서 거리가 멀고도 살기가 어려운 섬)로 유배되어 그 곳에서 사사되었다.
>
> 정현덕이 동래부사로 부임한 때는 1867년(고종 4년) 6월이었다.[58] 1867년 9월[59]

58 『승정원일기』 1867년(고종 4년) 5월 26일 기사에서 정현석을 동래부사로 제수하였고, 동래부사 도임은 6월이었다.

59 『승정원일기』 1869년(고종 6년) 12월 21일 기사를 보면 정현석 동래부사가 잉임된 것은 1869년 12월 21일 이라는 것을 알 수 있다. 1869년 12월 14일에 이조참의에 낙점되어(승정원일기) 임명

임기가 다 되어도 그만 두지 않고 계속하여 1869년(고종 6년) 12월까지 잉임(仍任: 갈릴 기한이 된 관리를 그대로 두는 것)하게 되어 1874년(고종 11년) 정월까지 동래 지방에서 선정을 베풀다가 승지(承旨)로 임명되어 임지로 떠날 때 도감(都監) 문규형(文奎瀅)에 의해 부사정공현덕흥학비(府使鄭公顯德興學碑)가 세워졌다.[60]

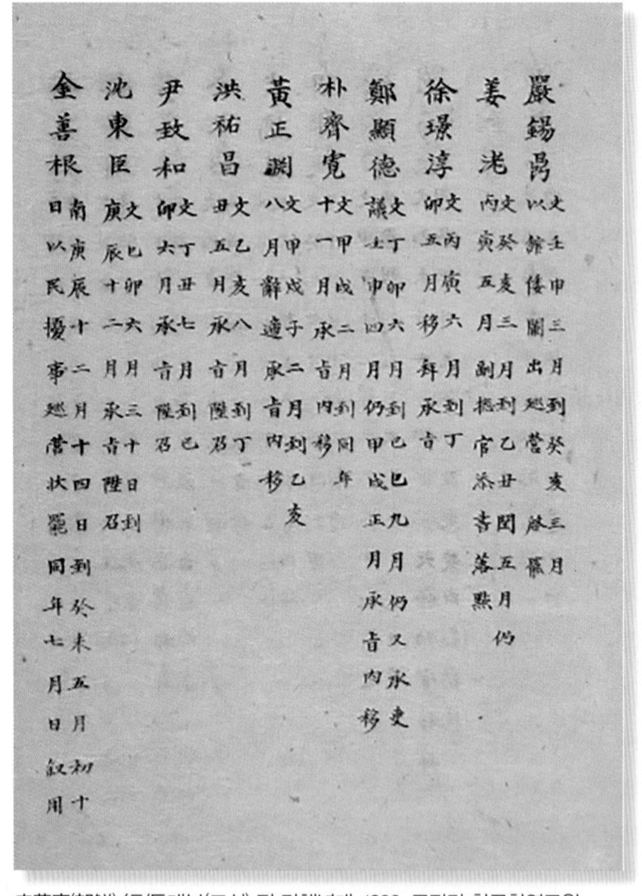
嚴錫禹 文壬申三月到癸亥三月以館倭闌出越營啓罷
姜浼 文癸亥三月到乙丑閏五月丙寅五月副擬官添啓落點仍
徐璟淳 文丙寅六月到丁卯五月移拜承旨
鄭顯德 文丁卯六月到己巳九月仍又承吏議壬申四月仍甲戌正月承旨內移
朴齊寬 文甲戌二月到同年十一月承旨內移
黃正淵 文甲戌十二月到乙亥八月辭遞承旨內移
洪祐昌 文乙亥八月到丁丑五月承旨陞召
尹致和 文丁丑七月到己卯六月承旨陞召
沈東臣 文己卯六月三十日到庚辰十二月承旨陞召
金善根 南庚辰十二月十四日到癸未五月初十日以民擾事越營狀罷同年七月日敘用

東萊府(朝鮮) 編/동래부(조선) 편 간행년대: 1899, 규장각 한국학연구원

되기도(『고종실록』) 하였으나, 같은 날 의정부가 다시 동래부사에 잉임시킬 것을 건의하여 12월 21일에 잉임된 것이다. 1872년(고종 9년) 4월 다시 한번 더 잉임되었고 1874년 1월까지 동래부사로 재임하였다.

60 『부산을 빛낸 인물 20세기 이전 인물편』, 부산광역시, 2004.

정묘년(丁卯年; 1867년) 6월 도임(到任)~갑술년(甲戌年: 1874년) 정월(正月) 승지(承旨)로 내이(內移)하였다.

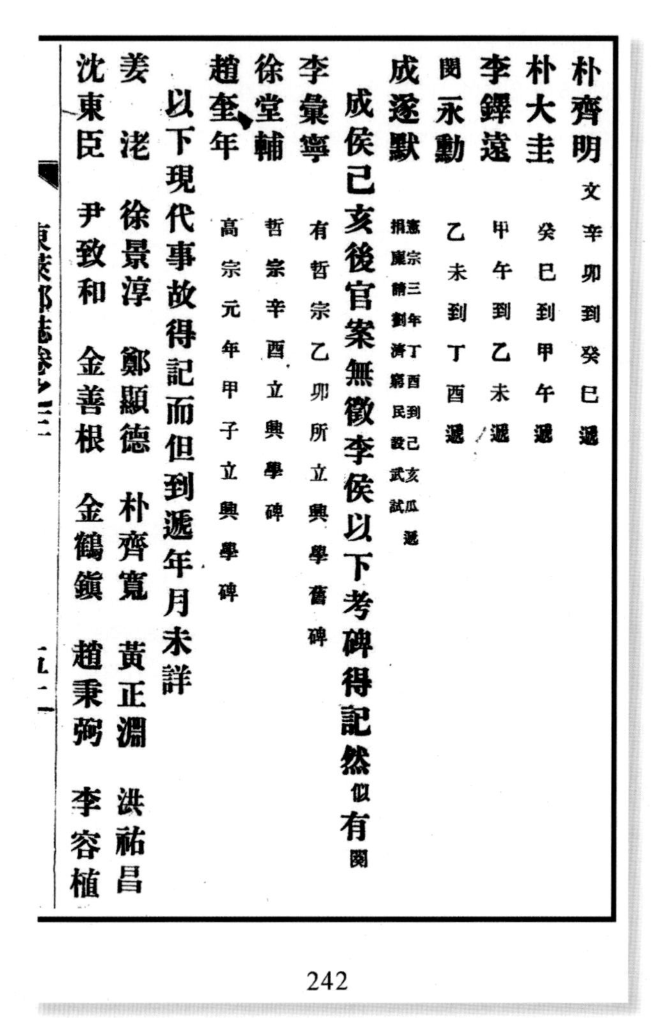
朴齊明 文 辛卯到癸巳遞
朴大圭 癸巳到甲午遞
李鐸遠 甲午到乙未遞
閔永勳 乙未到丁酉遞
成遂默 憲宗三年丁酉到己亥瓜遞 捐廩請劃濟窮民設武試
成侯己亥後官案無徵李侯以下考碑得記然似有闕
李彙寧 有哲宗乙卯所立興學舊碑
徐堂輔 哲宗辛酉立興學碑
趙奎年 高宗元年甲子立興學碑
以下現代事故得記而但到遞年月未詳
姜 浛 徐景淳 鄭顯德 朴齊寬 黃正淵 洪祐昌
沈東臣 尹致和 金善根 金鶴鎭 趙秉弼 李容植

242

東萊郡誌 東萊鄕校, 1937, 문기주 정병조

윤용출(2007)은 정현덕이 “현직에서 축출된 뒤에는 가혹한 비평이 뒤따랐다. 특히 동래부 읍성을 쌓으면서 살인을 자행하여 위엄을 부렸고, 그 때문에 민심을 크게 잃었다는 평가도 있었다."[61]로 관련 사료를 인용(『매천야록』, 『승정원일기』)했는데 『매천야록』의 기록은 다음과 같다.

> **일본의 대한정책 변화**
>
> 무진년(1868)에 일본이 서양의 영향을 받아 關白(일본 천황을 보좌하여 정사를 집행하는 중직. 편자주)을 폐지하고 정치를 일신시켜, 우리나라와 다시 和約을 체결하려고 하였다. 그러나 그들은 모든 일이 초창기였기 때문에 먼 곳까지 정략을 펼 수 없었다. 다만 군량을 받지 않고 이를 핑계로 트집을 잡아 공관의 관원들을 조금씩 인솔하고 귀국하였지만, 우리 조정에서는 그들의 情狀을 예측하지 못하고 있었다.
>
> 그리고 東萊府使鄭顯德과 慶尙監司金世鎬가 7년이 되도록 자리를 옮기지 않고 있으므로, 그 두 사람의 재주를 빌리면 반드시 일본의 정상을 판단할 수 있을 것이라고 하였다.
>
> 그러나 世鎬는 얌전한 문관이고, 顯德은 3년 동안 성을 쌓으면서 많은 살인으로 위엄을 부려 민심을 크게 잃은 상태였다. 이에 識者들은 매우 근심을 하며, "만일 이때 사정을 엿볼 수 있는 사람을 보빙사[報聘使(답례로 외국을 방문한 사신. 편자주)]로 임명하여 그들의 음모에 대비하였다면 반드시 훗날 분열이 생기지는 않았을 것이다"라고 하였다.[62]

또한 윤용출(2007)은 정현덕에 대하여 "같은 일을 놓고서, 변경의 관문을 더욱 튼튼히 하였다든지, 백성들을 번거롭게 하지 않고서도 방대한 공사를 빨리 마칠 수 있었다고 높이 평가된 바도 있다."[63]로 관련 사료를 인용(『일성록』, 『고종실록』)하여 표현하고 있다.

다음은 정현덕 동래부사가 1868년 8월에 상부의 명령에 의해 천주교도 8명

---

61 윤용출, 「조선후기 동래부 읍성의 축성역」, 『지역과 역사』 21호, 2007, 199쪽.

62 황현, 『매천야록』 1권, 상(1894년 이전), 국사편찬위원회 한국사데이터베이스.

63 윤용출, 앞의 책, 2007, 199쪽.

을 처형한 것과 관련된 기록이다. 흥선대원군 집권 당시 1866년의 병인박해가 연장되고 있는 상황이다.

(전략)조선시대 정조이후 임금들의 조정일기인 '일성록(日省錄)'에 의하면 대원군의 병인박해가 시작된지 2년 뒤인 1868년 9월 19일(음력 8월 4일) 이곳 장대골에서 당시 경상 좌수사 구주원(具胄元)이 천주교의 동래지역 선교회장인 이정식(요한) 등 모두 8명을 처형했다는 기록이 있다.

이 순교자들의 명단은 1. 이요한(이정식) 2. 이 베드로(이삼근: 이정식의 조카) 3. 이 프란치코(이월주: 이정식의 아들) 4. 박 마리아(박소사) 5. 양 마르티노(양재현) 6. 차 프란치스코(차창득) 7. 이 야고보(이관복) 8. 옥 바르바라(옥소사) 이다. 원래 11명이 체포되었으나 혹형에 못이겨 그 중 셋은 배교하여 석방되었다.

(중략)

8월 19일 오전 9시쯤에 남녀교우 8명이 사형장인 수영장대로 호송되었다. 부사 정현덕(鄭顯德)이 장대에 높이 좌정하고, 영장의 지휘에 따라 수십 명 군인이 좌우에 나열하였다. 부사는 교우들을 한 줄로 앉게 한 다음 큰 소리로 "너희들 내 말을 잘 들어라. 나라에서 오늘 너희를 죽이라는 명령이 내렸으니, 사실 애석하고도 기탄할 일이로다. 이제라도 늦지 않으니 살고 싶은 사람은 단 한마디라도 좋으니 배반만 하여라." 하고 가장 동정이 넘치는 듯한 말로 타일렀다. 8명의 용사들은 마치 의논이라도 한 듯이 그 말에는 대답하지 않고 노래를 부르듯 함께 "가세, 가세, 천당으로 가세" 하였다. 관장도 "나도 너희를 될 수 있으면 살려주려 했지만 이젠 다 허사로다"하고 형졸들에게 명하여 마지막 사별상을 차려주라 하였다. 용사들 앞엔 한 두루미 술과 몇 가지 안주가 놓인 사별상이 놓였다. 모두 성호경을 외우고 이정식만 술 한 잔을 마시고 나서 "우리는 예수의 십자가 길을 묵상하면서 성모를 따라가자, 이 얼마나 기쁜 일인가"하고 소리를 질렀다. 술에 취한 휘광이들은 시퍼런 칼로 내어민 이정식의 목을 먼저 치고 다음 양재현과 나머지 교우들의 목을 차례로 잘랐다.(후략)[64]

64 오륜대 순교자 성지 순교자묘 내용 중.

부산광역시 금정구 부곡동 오륜대 순교자 성지 순교자묘 ⓒ오륜대 순교자 성지

**정현덕 동래부사의 재임 중 업적**

| 재임기간 | 분류 | 주요업적 |
|---|---|---|
| 1867년 6월<br>(고종 4년)<br>~<br>1874년 1월<br>(고종 11년) | 관청건물 중수 및<br>문화재 보호 | 동래읍성 수축 및 공해관 건설 |
| | | 동래부 동헌 외대문(동래독진대아문) 중수 |
| | | 동래객사(봉래관) 개축 |
| | | 국청사 중건 |
| | | 동래읍성 수축 후 성역절목 제정 |
| | 학문 및 예술적<br>능력 | 봉래별곡, 금직, 태평원 시비, 금강원 시비,<br>세한당(부산시 해운대구 반송동 반송 삼절사) 현판 글씨 등 |
| | 학문 및 교육장려 | 동래무예학교 설립의 바탕이 된 무예교육 실시 |
| | 국방강화 | 동래읍성 수축, 금정산성 동문 및 서문 재건,<br>외영 설치하여 군사훈련,<br>동래읍성 수축시 1만 냥(녹봉 희사) 기부 |
| 1867년 6월<br>(고종 4년)<br>~<br>1874년 1월<br>(고종 11년) | 흥선대원군과의<br>관계 | ·북에는 마행일, 남에는 정현덕<br>·1883년 흥선대원군의 심복 8인 처형<br>·임오군란(1882) 발발 후 흥선대원군이 청나라 군대 진영으로 방문(답방)하는 것을 만류 – 『매천야록』 기록<br>·남쪽 국방 및 대일외교를 담당하는 동래부사로 약 7년간 재임하면서 일본 메이지정부와의 교섭거부 – 흥선대원군의 쇄국정책 수행에 따른 수족 역할 |
| | 김해사람들과의<br>교류 | 지재당 강담운, 차산 배전 등과 시, 서예, 그림 등의 모임으로 교류 |
| | 특이점 | 1868년 8월 19일 천주교도 8명<br>(이정식, 양재현 등) 처형 – 『일성록』 기록<br>: 병인박해(1866)의 연장, 명령에 의한 처형 |

정현덕의 가족 납골 숭모당(崇慕堂)에 있는 정현덕의 비
– 강릉시 성산면 어흘리 산 278-1번지

위의 사진은 정현덕의 묘를 원주시 흥업면 대안리에서 강릉시 성산면 어흘리로 이장하면서 가족 납골당으로 조성하고 새롭게 세운 비석이다.

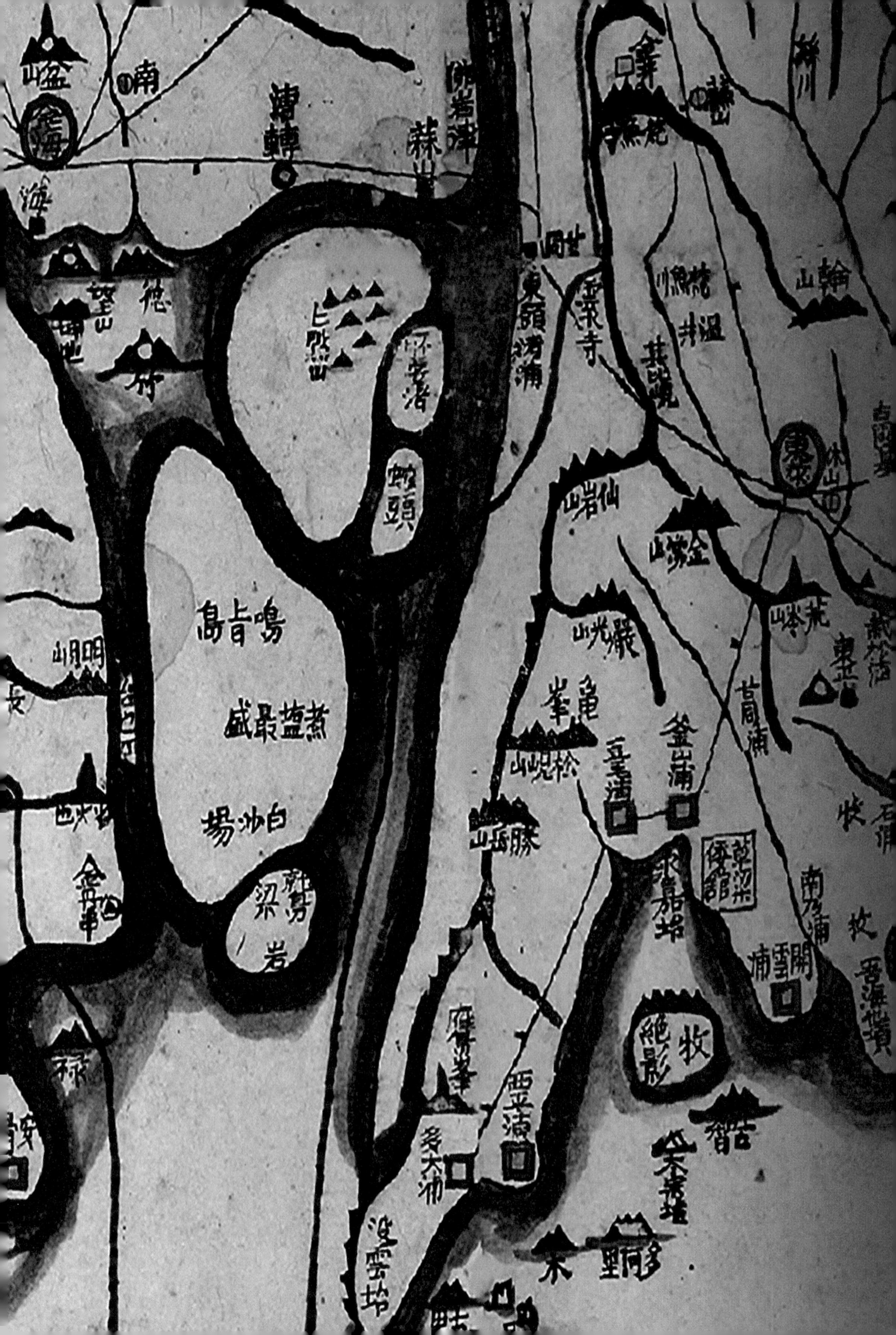

金海
鳴旨島
煮塩最盛
白沙場
仙岩山
嚴光山
龜峯
松峴山
勝岳山
釜山浦
豆毛浦
絶影
牧
多大浦
沒雲坮
東萊
溫井
梵魚寺
開雲浦
草梁倭館

# 정현석과 정현덕 비교

## 정현석과 정현덕 비교

| 공통점 | | |
|---|---|---|
| | 정현석 김해부사 | 정현덕 동래부사 |
| 본관 | 초계 정씨 대제학공파(관동파-종파) | 초계 정씨 대제학공파(관동파-선무랑공파) |
| 재임시기 | 흥선대원군 집권시기 | |
| 재임시 관직 품계 | 정3품 통정대부(당상관)<br>진주목사에서행(계고직비) 김해부사<br>- 일반적인 도호부사(부사)는 종3품이 담당 | 정3품 통정대부(당상관)<br>국방 및 대일외교(초량왜관) 중요성으로 인해 종3품이 아닌 정3품 당상관이 담당 |
| 잉임 | 김해부사 1회 | 동래부사 2회 |
| 관청 건물 중수 및 문화재 보호 | 봉황대 구축 및 명명, 흥부암 중창,<br>사충단 건립, 연자루 및 함허정 중수,<br>김수로왕릉 가락루 중수, 파사석탑 이전,<br>허왕후릉 수리 및 정비, 현충사 재건,<br>김해부 동헌 및 객사(분성관) 중수 등<br>「금관충렬단절목」 제정<br>- 사충단 건립 후 | 동래읍성 수축 및 공해관 건설,<br>동래부 동헌 외대문 중수,<br>동래 객사(봉래관) 개축, 국청사 중건,<br>「성역절목」 제정 - 동래읍성 수축 후 |
| 학문 및 예술적 능력 | 『교방가요』 저술<br>「송공순절암기」, 「사충단비각기」,<br>연자루 시, 송공순절암 글씨,<br>임호산을 중국 금릉의 봉명산에 비유, 금릉팔경 지정 등 | 봉래별곡, 태평원 시비, 금강원 시비,<br>세한당(해운대구 반송동 반송 삼절사) 현판 글씨 등 |
| 학문 및 교육장려 | 원산학사 설립<br>양사재 중건, 향교 중수 | 동래무예학교 설립의 기초가 된<br>군사훈련 및 무예교육 |
| 국방강화 | 분산성 개축<br>분산성 내에 향미(餉米)<br>삼백석(三百石)을 자비(自備)<br>분산진 재설치, 별포(別砲) 창설 | 동래읍성 수축<br>금정산성 동문 및 서문 재건,<br>외영 설치하여 군사훈련<br>동래읍성 수축시 1만 냥(녹봉 희사) 기부 |

| 차이점 | | | |
|---|---|---|---|
| | 정현석 김해부사 | 정현덕 동래부사 | 비고 |
| 출생 | 1817년<br>(강원도 횡성) | 1810년<br>(강원도 강릉) | |
| 주재임지 | 김해부사 | 동래부사 | |
| 재임기간 | 1870.6 ~ 1873.12 | 1867.6 ~ 1874.1 | 외관직 수령의 임기: 5년(1800), 예외적으로 당상관과 미설가수령(未挈 家守令)은 2년 6개월(900일) |
| 잉임시기 | 1회<br>1872년 11월 | 2회<br>1869년 9월(12월)<br>1872년 4월 | 경상감사 김세호도 약 5년간 재임, 김세호와 정현덕 흥선대원군의 신임이 두터움 – 대일외교 담당 |
| 이임 | 돈녕부 도정(정3품) | 승지(정3품) | |
| 흥선대원군과의 관계 | | 심복 | 『매천야록』(황현)<br>– 북에는 마행일(경성부사), 남에는 정현덕(동래부사), 대원군의 측근 여덟 명에게 사약을 내리다<br>– 정현덕 포함, 정현덕이 흥선대원군 납치 전 청나라 군대 진영 방문만류 |
| 정치색 | 온건개화파 | 수구보수파<br>(위정척사파) | 정현덕은 흥선대원군의 심복 |
| 주요관직 | 진주목사, 김해부사덕원부사(원산감리), 돈녕부 도정, 황해도 관찰사 등 | 동래부사, 이조참의, 승지, 대사성, 형조참판 등 | |
| 관직진출 | 진사시험 합격(1844년, 헌종 10년) 후 음서(음직)로 후릉참봉 | 문과 급제(1850년) | 부사과(副司果: 1862년)–정현덕 |

| 차이점 | | | |
|---|---|---|---|
| | 정현석 김해부사 | 정현덕 동래부사 | 비고 |
| 마지막 관직 | 황해도 관찰사(종2품) – 동학군의 습격으로 해주감영 함락, 그 책임으로 파직, 동학군은 김창수(김구) 부대 | 형조참판(종2품) | 정현덕은 임오군란 후 흥선대원군의 재기로 형조참판이 되었으나 흥선대원군 납치로 인해 유배 후 사사(賜死) |
| 사망 | 1899년(자연사) | 1883년 (유배 후 사사(賜死)) | 『매천야록』(황현) – 대원군의 측근 여덟 명에게 사약을 내리다: 전 판서 이회정, 임응준, 조병창과 그의 아들 전 참판 조채하, 전 승지 정현덕, 조우희, 군수 이원진, 전 교리 이재만 이 여덟 명은 모두 운현의 측근이다. |
| 천주교 박해 | | 『일성록』 –1868년 8월 19일 천주교도 8명(이정식, 양재현 등) 처형, | 병인박해(1866)의 연장, 명령에 의한 처형 |
| 사후 | | 1894년 죄명 취소 및 벼슬회복 | 김홍집, 서광범 등의 주청 |
| 묘 소재지 | 강원도 횡성 | 강원도 강릉 (가족 납골당) | |
| 시문집 | | 『海所集』 | |
| | | 2002년, 부산을 빛낸 인물 목민관(20세기 이전)에 선정 | | 

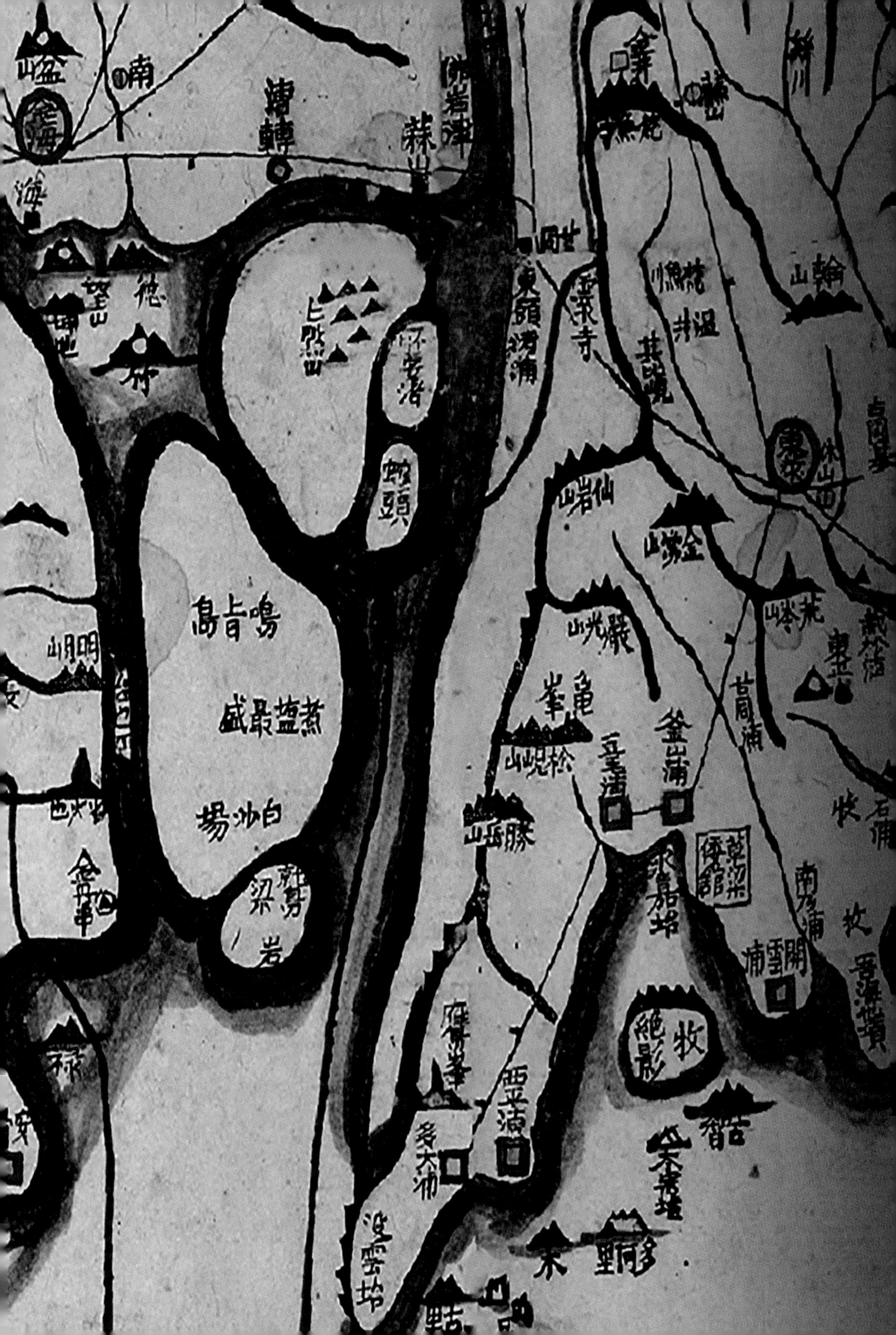

鳴旨島
煮塩最盛
白沙場
仙岩山
金井山
嚴光山
龜峯
松峴山
釜山浦
草梁
倭館
開雲浦
絶影
牧
多大浦
沒雲坮
東萊
佛岩津

제4장
맺으며

# 초계 정씨 대제학공파(관동파) 두 명의 인물 정현석과 정현덕

이 두 인물은 흥선대원군 집권시기에 각각 김해부사와 동래부사로 재임하였다.

정현석은 정치색이 온건개화파 성격이다. 온건개화파의 대표적인 인물은 김윤식, 어윤중 등이다. 정현석은 우리나라 최초의 근대학교인 원산학사 설립 시에 어윤중의 지원을 받기도 한다.

정현덕은 정치색이 수구보수파(위정척사파)라고 할 수 있다. 그는 약 7년간이나 동래부사로 재임하면서 대일외교 등을 전담하면서 흥선대원군의 집권시기 쇄국정책을 시행한 대표적인 흥선대원군의 심복이라고 할 수 있다.

두 인물은 본관도 같고 거의 동 시대에 김해부사와 동래부사 등으로 활동한 인물이다. 또한 이름도 비슷하여 때로는 한 인물로 혼동할 수도 있다. 필자도 정현석 김해부사를 연구하면서 정현덕이라는 동래부사의 존재도 몰랐으며 정현덕과 관계있는 동래무예학교도 정현석이 설립한 것으로 오해하기도 하였다. 본서를 통해 늦게나마 그 오해를 조금이나마 바로 잡을 수 있는 기회가 있어 다행스럽게 생각한다.

두 인물은 정치색에도 차이가 있었으나 사망 시점에도 운명을 달리하였다. 정현석은 황해도 관찰에서 물러난 후 1899년에 고향에서 자연적으로 사망하게 된다. 정현덕은 1883년 위리안치되었던 유배지에서 사약을 받고 사망하게 된다. 나중에 신원이 회복되기는 하였지만 사망 시의 상황은 매우 비참했던 것이다. 또한, 우연의 일치로 학문 및 교육의 장려에도 많은 활동을 한 정현석의 원산학사 설립 시기였던 1883년에 정현덕은 사망하게 된다. 정현덕 본인도 동래부사 시절인 1878년에 동래무예학교가 설립되는데 있어 많은 기초를 제공한 바가 있었는데 그의 사망연도에 정현석이 원산학사를 설립하게 되는 우연이 발생한 것이다.

본서에서는 이 두 인물의 활약상을 검토해 보는 과정에서 그들의 공통점과 차이점도 비교해 보았다. 책 내용을 떠나서 그들이 거의 동 시기에 김해부사와 동래부사로 재임하며 같은 집안 형님과 동생으로서, 또 근거리에서 근무한 지방관으로서 서로 만나 교류했을 수도 있을 것이다. 술잔을 같이 기울이면서 집안이야기, 시국이야기 등을 했을 가능성도 충분히 존재했을 것으로 본다. 아쉽게도 그와 관계되는 자료를 아직 찾지 못했다. 추가적인 연구에서는 그러한 점을 찾아 검토해 봐야 한다는 과제를 남기면서 본서를 마무리하고자 한다. 조선시대 말기 근대화의 갈림길에서 정현석과 정현덕을 떠올려 보며…….

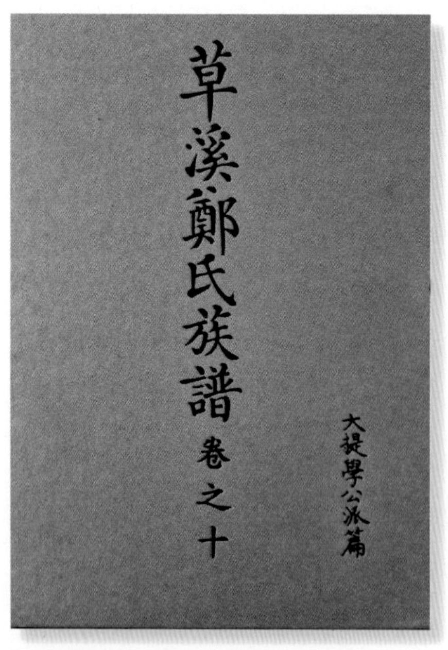


『초계정씨족보』 10권, 대제학공파편 표지

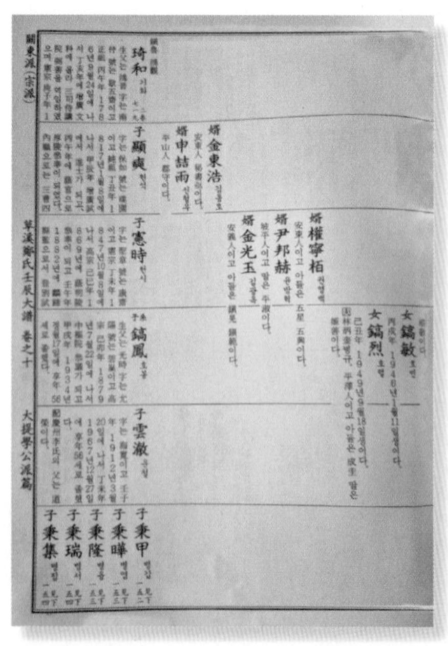

『초계정씨족보』 10권, 대제학공파편 정현석 부분

『초계정씨족보』 10권, 대제학공파편 정현석 부분

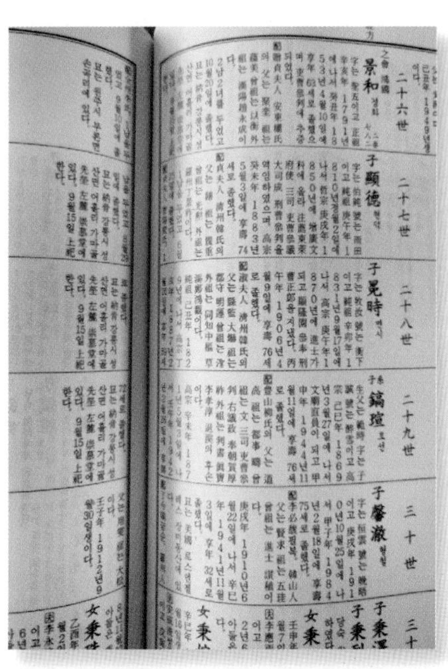

『초계정씨족보』 10권, 대제학공파편 정현덕 부분

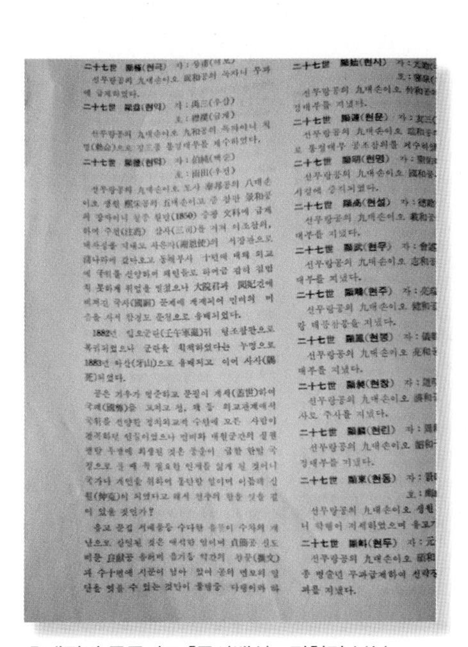

초계정씨 문중자료 「종사백선」, 정현덕 부분

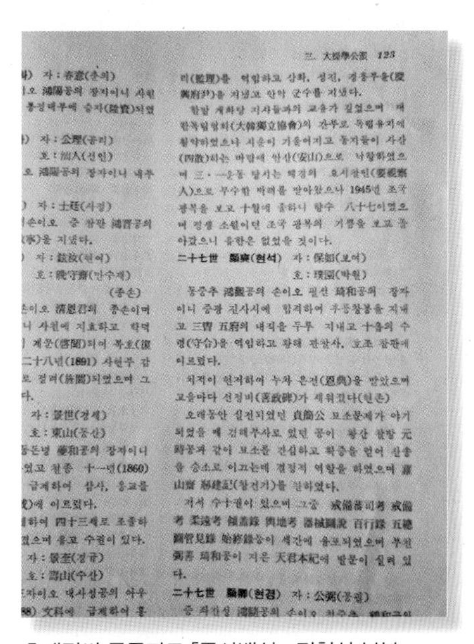

초계정씨 문중자료 「종사백선」, 정현석 부분

가덕도 연대봉에서 바라본 김해와 부산

## 참고문헌


『駕洛國記』, 김해향토문화연구소, 2005.

『가야의 뿌리Ⅱ』, (사)가야문화연구회, 2016.

『甲午實記』, 서울대학교 규장각한국학연구원, 1894.

『경상남도김해군읍지』, 서울대학교 규장각한국학연구원, 1899.

『경상도선생안(상)』, 한국국학진흥원, 2002.

姜澹雲, 『只在堂稿』, 부산대학교 도서관.

『古文獻 金海史料集』 제1집-제4집, 김해문화원.

『국어국문학사전』.

(국역) 『조선왕조실록』, 국사편찬위원회.

(국역) 『승정원일기』, 한국고전번역원.

(국역) 『일성록』, 한국고전번역원.

「금관충렬단절목」, 김해사충단표충회.

국가문화유산포털, 문화재청.

김강식, 「임진왜란기 忠順堂 李伶의 의병 활동과 기억화」, 『역사와 경계』 110, 2019.

김강일, 「동래부사와 대일외교」, 『동북아역사논총』 38호, 2012.

김규현 지음, 허권수 역주, 『역주 희인재유고』, 화인, 2020.

김덕환, 「璞園 鄭顯奭의 생애 고증 연구」, 『남명학연구』 제77집, 2023.

김동철, 『엽서가 된 임진왜란』, 선인, 2022.

김명순, 「정현석의 시가 한역 양상 연구」, 『동방한문학』 제19집, 2000.

김보경, 「김해 함허정의 장소기억 -지역문학 연구의 방법론적 모색을 겸하여-」,

『한국한문학연구』 제80집, 2020.
김인배, 『오동나무 꽃 진 자리』, 푸른사상, 2015.
김정호 지도, 최선웅 도편, 『대동여지도 한글 축쇄본』, 진선출판사, 2019.
김종간, 『김해 역사 문화 이야기』, 원컴, 1998.
______, 『역사속의 김해인물』, 원컴, 2000.
______, 『가야, 가락, 금관 그리고』, 대건, 2018.
______, 『가락왕도 김해의 포구』, 김해향토문화연구소, 2022.
김종학, 『흥선대원군 평전』, 선인, 2021.
김주연, 「동래 '무예학교'의 실존 배경을 통한 개항장 무예교육」, 『한국체육사학회지』 제16권 제3호, 2011.
『김해 봉황동유적과 고대 동아시아-가야 왕성을 탐구하다-』, 인제대학교 가야문화연구소 김해시, 2018.
『김해 사람 김해 이야기-동상동편』, 인제대학교 융복합문화센터, 2021.
『金海邑誌』, 김해군향교 내 김해읍지속수회, 1929.
『김해의 옛지도』, 김해문화원, 2017.
『김해인물열전』, 해성, 2015.
『金海鄕校誌 下』, 金海鄕校, 2007.
남무희, 『가락국기 평전』, 한국학술정보, 2018.
『다같이 김해한바퀴』, 경상남도김해교육지원청, 2023.
『東萊古圖書集』, 동래문화원, 2008.
『東萊府使 忠과 信의 목민관』, 부산박물관, 2009.
『東萊府事例』, 부산시사편찬위원회, 1963.
『東萊題詠叢輯』, 동래문화원, 2002.
『東萊府邑誌』, 서울대학교 규장각한국학연구원.
『歷代先生案(官案)』, 부산광역시 역사 부산 향토사 도서관.
동학농민혁명 사료(史料)아카이브, 『갑오해영비요전말(甲午海營匪擾顚末)』, 동학농민혁명기념재단.

민긍기, 『金海의 地名』, 김해문화원, 2005.
______, 『역주 김해읍지』, 누리, 2014.
박병출 편역, 『시인, 김해를 그리다』, (재) 김해문화재단, 2009.
박지홍, 「봉래별곡의 연구」, 『항도부산』 제4권, 1964.
박하, 『좌수영 수군, 절영도 사냥을 나가다』, 은누리, 2020.
『부산시보, 부산이라 좋다』, 부산광역시.
『부산을 빛낸 인물 20세기 이전 인물편』, 부산광역시, 2004.
변상복, 「울산부사 정현석의 생애와 업적」, 『북구문화』 제18집, 울산광역시북구문화원, 2022.
『四忠實記』, 김해문화원, 1994.
『성역급각공해중수기』, 「성역절목」, 서울대학교 규장각한국학연구원.
손계·최령흠 지음, 최진아 옮김, 『북리지·교방기』, 소명출판, 2023.
손선숙, 「조선후기 진주 교방의 정재 공연양상 -教坊歌謠를 중심으로-」, 『한국음악사학보』 제46집, 2011.
『송담서원지』, 김해사충단표충회, 2018.
『송담서원약지』, 김해사충단표충회, 2016.
송종복, 「金海府使의 交遞·治積에 관한 考察」, 『역사와 세계』 제22집, 1998.
『崇善殿史』, 숭선전사편수위원회, 2016.
『嶺南鎭誌』「盆山鎭誌」, 서울대학교 규장각한국학연구원, 1894.
(신편국역) 『신증동국여지승람』, 민족문화추진회, 2007.
신효승, 『전쟁으로 보는 한국 근대사』, 한국교육방송, 2022.
양지선·김미숙, 「의암별제의 특성연구」, 『한국무용연구』 28권 2호, 2010.
엄경흠, 「봉래별곡의 구조와 정현덕의 부산에 대한 인식」, 『교육과학연구』 제11권, 2006.
오용섭, 「개화기 안태훈(1862~1905)의 생애와 활동」, 『한국근현대사연구』 제40집, 2007.
『우리 고장 김해를 지킨 사충신 이야기』, 김해시, 2017.

윤용출, 「조선후기 동래부 읍성의 축성역」, 『지역과 역사』 21호, 2007.
이병태, 『국역 김해읍지』, 김해문화원, 2001.
______, 『김해인물지』, 김해문화원, 2002.
______, 『김해지리지(국역판)』, 김해문화원, 2002.
이성혜, 『지재당 강담운의 시집, 그대, 그리움을 아는가』, 보고사, 2002.
______, 『此山 裵文典 硏究』, 보고사, 2002.
______, 「지재당 강담운의 시세계 -그리움으로 머뭇거리는 서성임 美學-」, 『동양한문학연구』 제18집, 2003.
______, 「姜澹雲의 『金陵雜詩)』에 묘사된 김해」, 『퇴계학논총』 제39집, 2022.
이영식, 『새로 쓰는 김해지리지 김해학, 길 위에 서다』, 미세움, 2014.
______, 『이야기로 떠나는 가야 역사여행』, 지식산업사, 2023.
이영호, 「『갑오군정실기』를 통해 본 황해도 동학군의 해주성 점령」, 『2016년 동학농민혁명 정기학술대회발표논문집』, 2016.
이이화, 『이이화의 동학농민혁명사 2: 침략에 맞서 들불처럼 타오르다』, 교유서가, 2021.
이홍숙, 『김해의 지명전설』, 김해문화원, 2008.
일연, 『三國遺事』, 서울대학교 규장각한국학연구원.
일연 지음, 이가원·허경진 옮김, 『삼국유사』, 한길사, 2020.
장원섭, 『장원섭 교수의 자투리 한국사(우리 역사 속 파란만장 이야기 1)』, 푸른영토, 2022.
전우용, 『민족의 영웅 안중근』, 한길사, 2022.
정경주·김철범, 『성재 허전, 조선말 근기실학의 종장』, 경인문화사, 2013.
정만진, 『부산 김해 임진왜란 유적』, 국토, 2017.
정병헌, 「정현석의 삶과 판소리의 미래」, 『판소리연구』 제11집, 2000.
정병현, 『조선역사 속에서 초계정씨 관동파』, 2022.
「정재걸의 역사 속 교육, 우리나라 최초의 근대학교」, 『에듀인뉴스』, 2017년 5월 29일 기사.

정현덕, 『海所集』, 부산대학교 도서관.

정현석, 『敎坊歌謠』, 국립중앙도서관.

정현석 편저, 성무경 역주, 『교방가요』, 보고사, 2002.

제장명, 「서평: 김동철 저, 『엽서가 된 임진왜란』(선인, 2022), 530쪽」, 『역사와 경계』 124, 2022.

『조선환여승람(김해)』, 김해문화원·가야문화연구회, 2005.

조재곤, 「『갑오군정실기』를 통해 본 새로운 동학농민군의 활동」, 『한국독립운동사연구』 제67집, 2019.

『중부매일』, 2020년 6월 11일 기사.

『진영인물열전』, 인제대학교 융복합문화센터, 2022.

『천년 고을 진주 목사 이야기』, 진주문화원, 2019.

「종사백선」, 초계 정씨 문중자료.

『초계정씨족보』 10권, 대제학공파편.

최선웅·민병준, 『한글 대동여지도』, 진선출판사, 2022.

____________, 『해설 대동여지도』, 진선출판사, 2018.

최학삼·김우락, 『김해부사 이야기』, 박영사, 2021.

최해군, 『부산이야기 62마당』, 해성, 2009.

최효식, 「임란 초기 동래성의 항전에 대하여」, 『신라문화』 제26집, 2005.

『취정재지』, 취정재, 2010.

『한국고전용어사전』, 세종대왕기념사업회.

『한국민속대백과사전』, 국립민속박물관.

『한국민족문화대백과사전』, 한국학중앙연구원.

한국역사연구회, 『시민의 한국사 2-근현대편』, 돌베개, 2022.

『한국지명유래집(경상편)』, 국토지리정보원, 2015.

한국학진흥사업성과포털, 한국학중앙연구원.

『한국향토문화전자대전』, 한국학중앙연구원.

『한시작가작품사전』.

황현, 『매천야록』 1권, 상, 한국고전번역원.

황현 지음, 나중현 옮김, 『한권으로 읽는 매천야록』, 북랩, 2012.

http://blog.daum.net/newmountain 신영산의 고전더읽기, 정현덕의 '봉래별곡'

http://blog.naver.com/msk7613

www.oryundae.com

# 인명색인

ㅈ



ㅎ

저자약력

## 최학삼

- 김해문화원 향토사연구소 연구위원
- 부산강서문화원 향토사연구소 연구위원
- 한국조세사학회 정회원
- 김해대학교 입학홍보처장
- 김해대학교 한국역사와 문화, 역사속에서 길을 찾다 과목 강의
- 김해대학교 사회복지상담과 교수, 경영학박사

### 저서

『김해부사 이야기』, 2021

『조선을 이끈 경세가들』, 2020

### 논문

「정현석 김해부사에 관한 연구」, 2021

「전염병 발생에 따른 고려시대 및 조선시대 조정과 민간의 대응에 관한 연구」, 2020

「다산 정약용의 세법개혁을 기초로 한 조선시대 부가세에 관한 연구」, 2019

「민고(民庫)에서 징수한 부가세에 관한 연구」, 2019

「왕의 즉위와 대동법 시행에 관한 연구」, 2019

「고려시대 전세체계 및 임시목적세 징수에 관한 연구」, 2018

「대동법 시행초기의 폐지위기와 추포(秋浦) 황신(黃愼)의 공헌에 관한 연구」, 2018

「정만석의 응지상소(應旨上疏) 중 삼폐(蔘弊)에 관한 연구」, 2018

「경세가 이순신의 통제영 경영에 관한 연구」, 2017

「갑오개혁과 동학농민운동의 조세제도개혁 관련성에 관한 연구」, 2017

「율곡 이이의 조세개혁정책과 대공수미법 시행 제안에 관한 연구」, 2016

「서애 류성룡의 경세사상과 조세개혁정책 시행에 관한 연구」, 2016

「조선시대 훈련도감과 기타 중앙군영 및 장용영의 재정조달에 관한 연구」, 2016

「조선시대 별도세, 목적세, 부가세에 관한 연구」, 2016

「이순신의 둔전경영과 해로통행첩 시행에 관한 연구」, 2016